Primera edición, 2016

Derechos reservados.

© **Octavio Casado González**

Corrección de textos
Maribel Espinoza

Concepción gráfica de portada
y diagramación interna
Aitor Muñoz Espinoza

CONTENIDO

PRÓLOGO

Una sana persistencia empresarial

Conocí a Octavio Casado a finales de la década de 1980. Ambos coincidimos en el esfuerzo de darle sentido a la insurgencia de un movimiento de pequeñas y medianas empresas que habían sido promovidas por políticas públicas explícitas de fomento al emprendimiento. Sin embargo, Octavio lucía diferente. No era el típico captador de rentas que había montado un parapeto para conseguir un crédito blando, ni tampoco era el ostentoso magnate de mediana categoría que se gastaba con creces unas utilidades que su empresa estaba lejos de dar. Era un innovador que pronto fue laureado con el premio nacional de desarrollo tecnológico del Conicit en 1990, que también tenía tiempo para dirigir gremios industriales, representar esos gremios en organismos del Estado y mantener en solvente crecimiento y desarrollo a Comelecinca Power Systems, C.A.

Son muchas las imágenes que se han acumulado en treinta años. Esfuerzos conjuntos en programas inéditos de formación de nuevos empresarios, apalancamiento de la formación de dirigentes gremiales y la preocupación constante por un país que lucía a punto de descalabrarse en sus cimientos morales. Un talante diferente mostraba el empresario que rápidamente constituyó una Fundación desde la cual canalizaba energías e iniciativas filantrópicas para el bien de la región —estamos hablando del oriente del país—, algunas ellas para ponerlas a disposición de otros que quisieran replicarlas. Todas estas imágenes terminaron aplastadas por el corte abrupto de carácter político institucional que ocurrió al aflorar el siglo XXI. Todos estos años han sido demasiado turbulentos para buena parte del sector empresarial. Numerosas industrias que mostraban fortaleza intrínseca fueron devastadas por los cambios, y muchos empresarios no soportaron la presión y se fueron del país o abandonaron la actividad. Los saldos muestran menos empresas y menos empresarialidad.

Pero en el caso de Octavio Casado estamos hablando de alguien que se propuso y pudo surfear esas olas y que todavía hoy mantiene indemne su empresa y toda su capacidad para llevarla adelante. Hay un contraste evidente con el fracaso como posibilidad, tal vez porque nunca la aceptó como parte de sus escenarios estratégicos. Tal vez porque nunca se resignó. Maniobró para contrarrestar ese proceso de declinación que puede llevar incluso a la disolución de la empresa. Jugó bien contra la entropía, y pudo así evitar que se hundiera en esa incapacidad insalvable que impide a muchos lograr aquellos objetivos que le permiten a la empresa mantener su viabilidad en el largo plazo. El autor sabe que esto puede ocurrir, a veces porque algunos empresarios no logran superar el estancamiento que provoca una participación cada vez más reducida del mercado al no identificar dónde está el negocio que les conviene. Es el equivalente empresarial al suicidio. Pero también puede ocurrir el asesinato. El fracaso puede ser el resultado de la hostilidad de «ambientes homicidas» que provocan una contracción del mercado tal que termina acabando con cualquier posibilidad de captar valor. Los últimos tiempos de la economía venezolana tienen mucho de este tipo de ambientes. Las violaciones constantes a la lógica del libre mercado, la derogación de los derechos de propiedad, el intervencionismo ilimitado y la enemistad evidente del modelo económico con la empresa privada son muchas de sus más importantes características. Por eso mismo hay fracasos endógenos y exógenos. Y en el medio ocurren empresas permanentemente fallidas, porque subsisten a pesar de un pobre desempeño. Contra los peligros del fracaso y la subsistencia del bajo desempeño, Octavio Casado opone un conjunto sistemático de recomendaciones —producto de reflexiones y experiencia— que ofrece a todos quienes quieran leer este libro.

Hay tres condiciones para el éxito y la sobrevivencia en el largo plazo. Las empresas tienen que crecer sostenidamente, preservar su integridad y evitar convertirse en medios prescindibles. Lograrlo exige superar sinérgicamente cinco retos: emprendimiento e innovación constantes; mantener la legitimidad y la validez de la empresa, a pesar de la compleja dinámica del entorno; gerencia capaz de liderar equipos de alto desempeño, y controlar los típicos conflictos y rivalidades que surgen entre las personas y entre las unidades; capacidad creciente para adquirir y retener talento, y finalmente, mantener en alto la habilidad para gerenciar la complejidad, resolver problemas y manejar la incertidumbre a través de la investigación comprehensiva y el fomento del aprendizaje organizacional.

No hay un recetario para el éxito porque nadie puede dar cuenta de la compleja realidad cotidiana. Pero sí hay capacidad para compartir experiencias, consejos, recomendaciones y una estructura de mínimos indispensables para evitar los errores más gruesos. Pero lo importante del esfuerzo intelectual de Octavio Casado es que su aproximación al talante de los empresarios permite guiar a los gerentes con menos experiencia para que preserven la salud de sus empresas y eviten los peligrosos senderos de la autodestrucción. El aporte de Octavio permite estar alertas para no devastar las ventajas competitivas acumuladas a lo largo del tiempo, por pequeñas que sean e insignificantes que parezcan, y no tomar riesgos innecesarios en aspectos sensibles como la inventiva, la reputación, los recursos humanos y el acervo de problemas resueltos.

Por eso no es poca cosa el que un sobreviviente nos cuente su experiencia y cómo la ha procesado. Nadie puede imaginársela fácil. Asumir en este país el ser empresario y tratar de establecer la línea divisoria con los que Octavio llama el oportunista es hacer una denuncia crucial para los años que vienen. Porque necesitamos mucho emprendimiento totalmente escindido de la vieja tradición mercantilista que se afana en lograr protecciones y restricciones a la competencia cuyo resultado nunca ha convenido a un país que luce frustrado por no terminar siendo lo que podría ser.

El libro que presenta Octavio es eso. Un largo recorrido por sus propias convicciones, que se han venido fraguando tras muchos años como empresario y como observador participante de la creación de riqueza y desarrollo económico sustentable de nuestro país. Eso le hace exhibir una *auctoritas* muy bien ganada para discernir sobre lo que es una empresa bien manejada y cuáles son las premisas que obligarían a la descalificación de la experiencia. Él sabe, porque lo ha vivido, que manejar una empresa y ser empresario es mucho más que los índices de un balance. Es, entre otras cosas, la preocupación ciudadana que se puede ejercer desde la empresa privada y esa preocupación constante para recuperar el buen nombre de esa actividad en Venezuela. Sensibilidad y angustia moral confluyen en este momento vital de Octavio Casado para contribuir en la presentación de su modo de proceder de manera ordenada, de tal manera que cualquiera lo entienda, lo practique, lo emule y contribuya a ser esa masa crítica de nuevas apuestas que requiere este país con urgencia.

El esfuerzo de Octavio no está en la línea de mitificar el éxito empresarial. Sabe que es un camino largo, duro, lleno de obstáculos, impreciso, ambiguo y muy solitario. Cada quien con sus talentos y estilos deberá ir descubriendo cuál es su énfasis y tendrá que explotarlo intensamente. Visionarios, emprendedores, empresarios, innovadores, capitalistas, todos son los tipos que el autor ha inventariado para ofrecer un dossier de alternativas que se parezcan a la diversidad de aquellos que intentan alguna vez montar una empresa y llevarla adelante. Y como de eso se trata, Octavio propone y problematiza un triángulo de conductas adecuadas donde la ambición, la perseverancia y la responsabilidad se fusionan para provocar resultados.

Octavio va describiendo sus propios procesos psíquicos con mucha generosidad y con desbordante sapiencia. La primera responsabilidad —señala en sus reflexiones— será consigo mismo, porque tiene la ambición de llevar adelante su meta, sin fracasar para no afectar su autoestima. Por eso el empresario persevera. La persistencia es una función del compromiso consigo mismo. La ambición es la búsqueda de logros con los que el empresario se ha comprometido. La responsabilidad es la tensión positiva entre ambición y persistencia. La ética empresarial de Octavio Casado es profundamente libertaria, centrada en el yo, fundada en la razón y en las certezas de los que planifican sus pasos para no ser importunados por la mala fortuna, provocadora de orgullo por los resultados y esa autoestima pétrea que con los años se va construyendo gracias a haber acertado en esa pregunta originaria que a todos nos inquiere en algún momento: ¿qué es hacer lo correcto?

La excelencia se aprende, pero también se pierde. ¿Hemos dejado de aprender la excelencia? La respuesta no se pierde entre los vericuetos argumentales. La educación básica es el semillero de la excelencia si y solo si allí los estudiantes son convocados al reto de alcanzar objetivos, obtener resultados y arriesgarse al fracaso. La otra fuente es la familia. Ni la escuela ni la familia deberían ser espacios para la complacencia. Son espacios para que los muchachos aprendan a desafiar la realidad y a ingeniárselas para resolver problemas, intentar soluciones y ambicionar nuevas alternativas de resultados. Los padres deben modelar positivamente y deben construir una ética de compromisos asumidos y honrados, donde son inaceptables las tareas inconclusas, la procrastinación, la falta de planificación y el fracaso irreversible. La ética de la razón, de la serena reflexión, del compromiso con la construcción de un propósito trascendente son, de acuerdo con Octavio, las piezas fundacionales de quien luego será un emprendedor de éxito. ¿Nace o se forma? Definitivamente es un proceso lento y delicado de forja del carácter. Nada es el resultado de la fortuna sin virtud. Y toca a los padres y maestros inocular esos valores que sirven para el éxito.

Si el éxito se puede difundir entonces no estamos condenados a repetir nuestras épocas trágicas. Octavio representa y propone una era de empresarialidad, fundada en el trabajo continuo y sistemático cuyo objetivo es la creación de prosperidad personal y desde los resultados propios, difundir y crear bienestar colectivo. No se imagina sentarse a esperar que la riqueza llegue. Hay que provocarla tenaz y racionalmente. Pero sin pretender hacer del dinero un ídolo recalcitrante en la mezquindad. Hay que crear riqueza y hay que vivir la vida con la serena sobriedad de los que se sienten realizados. Salud, alegría, felicidad, familia y estabilidad son los indicadores del éxito de Octavio Casado. Estabilidad creativa. Firmeza ética para innovar. Claridad de miras para poder avanzar. Principios sólidos para obtener buenos resultados.

Eso no significa que no haya que lidiar con crisis. Tampoco significa una imaginaria curva ascendente que no tiene caídas estrepitosas. Pero es que el empresario está a cargo de resolver los dilemas, tomar las decisiones adecuadas, restringirse si es el caso, apostar si es oportuno, desafiar cuando es necesario, conservarse cuando es pertinente, eso sí, sin perder el ritmo, sin abandonar el camino y sin extraviarse en el transcurso. Cuando las lecciones aprendidas no son suficientes para resolver los problemas resulta indispensable el liderazgo. Se necesita el entusiasmo de la gente para que una empresa pueda avanzar. El líder tiene que ser coherente, íntegro, congruente y asertivo. Debe ser capaz de conectarse y debe mantener vigente el compromiso moral de interesarse por la gente. También ser capaz de empoderar con generosidad. Y debe ser un gran comunicador.

Octavio Casado es un intelectual interesado en transmitir la importancia de los valores para la buena gerencia. No hay empresario que pueda tener resultados si no es capaz de encarnar un sistema de valores apropiados y congruentes con el esfuerzo de la productividad. Su larga experiencia le permite encuadrar válidamente los requisitos para hacer el hábito. El pecado de la arrogancia se debe combatir con una sana humildad. La intransigencia debe contrarrestarse con el ejercicio constante de la tolerancia. La impertinencia que debe ser superada por la sobriedad y la moderación. El desinterés y la indiferencia por una preocupación constante por lo humano. En muchas formas el empresario es líder, profeta y buen pastor.

Desde esa visual ética, Octavio propone una relación no voraz con el poder para evitar la sordidez y la violación de los derechos de los otros. La empresa —dice el autor— es un espacio para la dirección, la gerencia y el liderazgo. Es la casa de la transparencia, el respeto, las reglas claras, del apego a la ley, del cumplimiento de la norma, y mucho menos —casi en situaciones excepcionales— para exhibir y usar el poder. Es el último recurso, y siempre hay que tener conciencia de que el poder corrompe.

En Venezuela la actividad empresarial es difícil. Cuesta imponerse a las circunstancias. Cuesta salir indemne de la tentación del oportunismo, de las oportunidades deshonestas, de la necesidad de pagar comisiones, de la coerción y el chantaje, que a veces son impuestos como condiciones de las mafias y grupos irregulares. Octavio apela al talante del empresario. El éxito está reñido con la deshonestidad. El empresario tiene que ser leal y devoto a sus principios.

Nada produce mayor satisfacción que celebrar una vida bien invertida. Es el caso de Octavio Casado, tecnólogo, innovador, empresario, ciudadano, y hombre feliz y realizado. Tener a la mano héroes discretos, que tienen las manos llenas de realizaciones y mantienen un espíritu presto para compartir lo bueno, son rasgos que nos hacen mantener un total optimismo sobre el curso de nuestra historia y el futuro del país. Sobre esas piedras angulares, serenas, sobrias, experimentadas, robustas, firmes y generosas, construiremos un nuevo país, uno lleno de ciudadanos empresarios, comprometidos con la libertad, competitivos y expertos en los juegos del libre mercado, audaces en sus apuestas, pero totalmente racionales, estrategas, y en esa misma medida, invencibles.

Celebro este libro. Espero que los lectores se aventuren a este aprendizaje, aprecien la sabiduría que contienen sus páginas y, si es posible, emprendan temprano la excitante aventura del emprendimiento.

Víctor Maldonado C.

Politólogo
Director Ejecutivo de la Cámara de Comercio de Caracas
Profesor universitario

DEDICATORIA

Haber observado, a lo largo de mis 45 años de experiencia empresarial, el fracaso de muchas empresas y personas en el ámbito económico, y conocer sus tristezas y frustraciones, me inspiró a plantearme la posibilidad de ayudar y guiar a quienes actualmente sobreviven a las difíciles economías de nuestros países, inclusive para aquellos noveles empresarios que no transitaran por el proceso de ensayo y error al cual mi empresa y yo nos enfrentamos, y al cual sobrevivimos en nuestros primeros 15 años como empresario, gracias a la perseverancia más que a la motivación que me causaba tratar de ser un buen empresario. Es por esta razón que dedico este libro a todos los visionarios, emprendedores y empresarios que, de una u otra forma, están logrando crear, integrar y consolidar sus empresas. También a quienes en la actualidad son mis socios de negocios y a aquellos que, por una u otra razón, ya no lo son. A ellos les deseo la mayor de las suertes en su camino empresarial y me disculpo por la falta de visión de futuro que entonces no pudimos compartir para continuar haciendo negocios juntos.

AGRADECIMIENTOS

Agradezco a todas las personas que colaboraron conmigo en las ideas, sugerencias, recomendaciones y en la revisión del libro, en especial a mi familia, también a las licenciadas Marlene Martínez y Mónica Torres, gerentes y colaboradoras en el ámbito económico y financiero en nuestra empresa, y muy especialmente al licenciado Víctor Maldonado por haber aceptado escribir este prólogo de gran inspiración para los lectores.

También debo dar las gracias por las facilidades encontradas en los muchos espacios de opinión en la Internet —muchos de ellos anónimos—, a los cuales hago mención, por las recomendaciones y aclaratorias realizadas para hacer posible este libro.

ACLARATORIA IMPORTANTE

En el contenido del libro no establezco diferencia de género en cuanto al empresario o «legítimo empresario», inclusive es deliberado no hacer mención a la «mujer empresaria» como una diferenciación de conducta o personalidad con respecto al género masculino; esto más bien podría parecer una actitud protectora innecesaria hacia la «mujer empresaria», ya que esta tiene las mismas cualidades de excelencia, integridad, moralidad, ética y perseverancia que se requieren para ser un «legítimo empresario». Obviamente, se podría alegar que existe una mayoría considerable de hombres empresarios en relación con las mujeres empresarias, lo que haría pensar que por eso se hace mención al empresario en género masculino, pero, como es evidente, la intención del libro no es explicar esta diferencia, que responde más a una situación cultural y de idiosincrasia que de cualidad y profesionalidad de la mujer.

PREFACIO

No reconocer que la empresa privada es uno de los factores más importantes de creación de riqueza y desarrollo económico sustentable de un país es equivalente a negar que el fundamento de una sociedad robusta son las familias constituidas por ciudadanos responsables. Esto último es una característica axiomática de la sociedad moderna.

Comprensiblemente, toda persona pensante entiende que la empresa como organización ordenada debe tener un cabecilla direccional que la conduzca por los mejores caminos y sepa cómo sortear los obstáculos para llevarla al éxito; lo que en simples palabras no es más que dar beneficios laborales, sociales y económicos. Esta persona es el «empresario», un individuo con un claro sentido de responsabilidad, con un propósito siempre en mente y con un toque de ambición que lo ayuda a lograr todo lo que se propone.

Como investigador del ámbito empresarial he realizado comparaciones entre la empresa privada bien manejada y exitosa y aquellas que no lo son. Todas, al igual que las empresas públicas, son organizaciones jerárquicas, algunas muy pequeñas y otras un poco más grandes; unas con la finalidad de lograr más beneficios sociales que económicos, y otras con el objetivo principal de obtener beneficios económicos, aunque lo social siempre está presente. Aun con estas diferencias, queda confirmado que todas tienen en común una cabeza pensante responsable de su dirección y conducción.

No obstante, cuando hemos analizado más en profundidad si los objetivos propuestos se cumplen correctamente o si por el contrario su futuro no está determinado por la sustentabilidad financiera, nos hemos encontrado con la diferencia de que las dirigidas por legítimos empresarios son las únicas que los cumplen, mientras que las empresas públicas —con muy contadas excepciones— se mantienen con vida económica gracias a los subsidios gubernamentales y las privadas con debilidades de dirección por el aprovechamiento del oportunismo. Esto confirma que solamente el empresario legítimo es capaz de llevar una empresa por el camino del éxito verdadero.

Lamentablemente, en las investigaciones también siempre sale a relucir que la calificación de «oportunistas» proviene de las actividades de ciertos funcionarios gubernamentales que se confabulan con algunos «dueños» de empresas privadas —porque estas personas no podrían llamarse empresarios— para hacer negocios turbios y ganar mucho dinero, sin realizar de forma correcta los alcances de las ventas, de las obras o los servicios, entregando productos en mal estado, engañando a los usuarios y, en muchas ocasiones y con el mayor descaro, no entregando nada, pero sí cobrando todo el dinero de la venta. Lastimosamente se marca a todos los empresarios como parte de este complot, en el cual los verdaderos empresarios no intervendrían, pero sí los «oportunistas» de oficio sacándole mucho provecho.

Asimismo, el común de la gente y un alto porcentaje de nuestra sociedad nos podrían calificar como responsables en gran parte de algunos de los males de la economía de un país, inclusive cuando se involucra la corrupción y los deseos desaforados de algún político en incrementar su popularidad responsabilizando a los empresarios de los problemas que aquejan a la macroeconomía, y que de alguna forma han hecho que se cree una animadversión y se instaure la creencia de que ser empresario exitoso es malo.

Como legítimos y auténticos empresarios, profesionales y personas que, de una u otra forma, ejercemos influencia en la gente que tenemos en nuestro entorno, debemos asumir la responsabilidad de reivindicar al verdadero «empresario» para que pueda retomar su rol como creador de riqueza y como parte del sistema o mecanismo de desarrollo y crecimiento de la sociedad como fundamento de un país.

Por esta razón, desde hace mucho tiempo deseaba escribir sobre las características del verdadero y legítimo empresario; cómo se prepara e instruye para el ejercicio de las responsabilidades empresariales y, sobre todo, para la recuperación de la credibilidad del muchas veces deshonrado título de «empresario», que algunos propietarios o dueños de empresas desean ostentar sin tener los requisitos mínimos necesarios para ello.

Abordo esta responsabilidad definiendo primero un punto de comparación entre la real representación de un empresario y las desviaciones perversas con las que personas inescrupulosas se escudan detrás de este título. Estas desviaciones van desde lo más simple, como nombrarse «empresario» para lograr un beneficio oficial y luego declararse en quiebra, con el fin de no pagar sus compromisos laborales y financieros. Esta práctica pasa por fundar y refundar empresas, que al final siempre son las mismas, limitándose a cambiarles el nombre con el objetivo principal de evadir el pago de los impuestos, hasta llegar al gran fraude de aprovecharse únicamente de oportunidades como las descritas, y nunca se hacen responsables de posiciones que los comprometan. Dentro de este grupo involucro a los más inescrupulosos, que siempre estarán sacando provecho del «oportunismo» que suele estar presente en las economías poco competitivas de nuestros países en desarrollo.

Como ciudadano y empresario, he sido una persona solidaria con todas las personas que requieren de mi ayuda, en especial en aquellos aspectos en los que, por mi experiencia en determinadas materias, considero que puedo colaborar. En el ámbito empresarial he tenido una trayectoria muy amplia, que va desde la fundación y concreción de varias empresas exitosas; el paso como directivo por varios gremios empresariales, lo que por muchos años me sirvió no solo para apoyar a empresarios, sino también para recibir la capacitación, formación y optimización de mis conocimientos de gestión empresarial a través de instituciones como la fundación alemana Konrad Adenauer e Insotev (1987-1995), hasta llegar al mayor deseo de una persona altruista, como lo es servir de tutor y guía, en este caso de asesor y consejero, para evitar los fracasos empresariales a través del programa «Hacer un empresario». En el marco de este programa, creado y desarrollado junto a la psicóloga Midagly Rojas de Buinizkiy, a lo largo de casi quince años (1987-2002), dictamos talleres gratuitos o de muy bajo costo sobre desempeño y gestión empresarial para noveles empresarios, y gestionamos ayuda para proyectos de emprendimiento empresarial.

El objetivo de este libro es, en primera instancia, identificar los rasgos del empresario auténtico, desvinculándolo de los roles del emprendedor y el inversionista, quienes son formadores de empresas pero no empresarios. Continúo con la descripción del oportunista, como un alerta para evitar convertirse en uno y apartarse del oportunismo como medio de sustento. Luego, como ayuda a los noveles empresarios, describo cada uno de los requisitos y factores positivos y cómo implantarlos para ser un «empresario», los cuales pueden resumirse en: responsabilidad laboral, responsabilidad financiera y responsabilidad social, entre otras. Finalizo con un análisis de cada uno de los rasgos de conducta y personalidad que pueden llevar a un empresario a calificarse como tal.

Es mi mayor deseo y aspiración que el presente libro sirva de guía para que los noveles emprendedores y empresarios instituidos tomen las mejores decisiones en función de lograr el éxito en sus empresas, y que sea útil a otros empresarios para retomar el camino de la sinceridad y honestidad empresarial que gran falta hacen para que la empresa privada retome su rol de creadora de riqueza y de empleos.

Octavio Casado González

Capítulo

1

INTRODUCCIÓN A LA EMPRESA

«Nunca deberemos olvidar que el legítimo empresario
se debe a su empresa; no hay empresario sin una
empresa seria, bien planificada y progresista y,
en consecuencia, exitosa; la contraparte del
empresario es y siempre será la empresa».

Está fijada en nuestro código genético la necesidad de vivir bien, tener o mejorar nuestra calidad de vida y de supervivir al máximo de nuestras posibilidades. Por otra parte, los modelos que más resaltan y que los medios de comunicación nos presentan continuamente en películas y novelas, y que tienen como tema recurrente la buena vida, nos estimulan de manera directa. Obviamente, estamos hablando de personas que, aunque no disponen o nacen sin bienes de fortuna, sí poseen una gran voluntad para alcanzarlos. Lo desfavorable es que, si bien esto forma parte de la naturaleza humana, la educación básica de algunos de nuestros países (ver nota) no nos enseña los principios para proveernos de un proyecto de vida y su planificación; es decir, cómo preparar, lograr y alcanzar los objetivos que nos proponemos, desde los muy elementales y no prioritarios —como hacer un viaje de vacaciones o celebrar una fiesta trascendental—, hasta aquellos que sí determinarán nuestras vidas, como lograr una carrera que nos permitirá realizarnos profesionalmente o bien formar una empresa que establezca un ejemplo y pautas en nuestra familia y en la sociedad que nos rodea.

Entonces, al no saber cómo alcanzar esos objetivos que nos permitirán crecer como personas y profesionales, que son principios que deberíamos aprender y practicar en el seno de una familia organizada y en la escuela con una educación básica adecuada, aparece el fenómeno del «oportunismo». Así, al seguir con nuestro afán de tener una vida mejor —recuerden que este propósito está grabado en nuestros genes— y al no saber cómo lograrlo de manera planificada, buscamos conquistar lo que nos proponemos de manera más fácil y posiblemente esperamos una oportunidad para obtenerlo, así en lo sucesivo buscaremos cómo aprovecharnos de una oportunidad tras otra, y las perseguiremos hasta hacernos improvisados, informales y al final inescrupulosos. Ese es el destino del oportunista.

Muchos de los modelos de conducta de la viveza criolla, propios de los oportunistas de oficio, que frecuentemente la gente común observa y que, por conveniencia, en más que menos ocasiones sigue, son equivocados, pues incitan a vivir del oportunismo; se aprovecha lo fácil y no hacemos o hacemos pocos esfuerzos para obtener lo que deseamos. Inclusive estos procederes, por lo general, llevan a que se desarrolle una conducta delincuencial.

El oportunista no fija un objetivo o planifica su logro; solo espera que una oportunidad llegue y tratará de aprovecharla, si lo logró bien; en caso contrario, esperará otra y comenzará nuevamente el ciclo perverso del «oportunismo». Esto, en consecuencia, es el fundamento de la improvisación. Tal práctica no garantiza estabilidad y logro de éxitos en ninguno de los ámbitos de la vida, aunque probablemente de manera muy temporal se logre algún cambio, pero si no se transforma esa conducta la consecuencia será definitivamente el fracaso.

Creo firmemente que ninguna persona en los primeros años de su vida consciente tendría o manifestaría una conducta oportunista, pero la falta de atención familiar, la carencia de una educación adecuada, el seguimiento de modelos equivocados y la necesidad genética de supervivencia, es probable que nos lleven a las conductas que equivocadamente nos hacen aprovechar o vivir de las oportunidades con el propósito de mejorar nuestra calidad de vida. La única manera de romper este ciclo vicioso y perverso, que al final desgasta y debilita nuestra vida, familia y sociedad, es cambiando estos factores, y hacer que conductas planificadoras y formales estén presentes en todos los ámbitos de las vidas de las personas, lo que debe ser una prioridad de cada uno de nosotros. Asumir nuevas conductas será vital para lograr de manera profesional, competitiva, responsable y ética esos cambios, los cuales analizaremos, interpretaremos, conoceremos y practicaremos en el presente libro.

Nota.
Se deberá promover propuestas convenientes para que la educación básica de nuestros países en desarrollo cumpla el rol de enseñar e instruir a nuestros niños y jóvenes sobre cómo hacer y lograr su plan de vida, que no es el rol de las universidades. Hay que recordar que la universidad solo aporta los conocimientos y las destrezas para que las personas se desarrollen profesionalmente.

El empresario hace a la empresa

El responsable de la creación y puesta en marcha de una empresa, quien al comienzo no actúa como «empresario» porque obviamente aún no lo es, pasa por varias etapas en un proceso en el que, como en una obligada metamorfosis personal, desechará y superará la fase anterior para poder continuar con éxito hacia su conversión en un verdadero empresario. Estas etapas, algunas de las cuales describiremos con más detalles en otros capítulos, son:

El visionario
El sueño de tener una empresa debe ser siempre, sin excepción, la primera visión de un emprendedor y futuro empresario. Ese sueño será su ideal y se verá en el futuro en su rol de

empresario, dirigiendo su empresa, pero nunca se debe iniciar un proyecto, arrancar una aventura o tomar un camino sin conocer o imaginar el destino, pues esta es una condición obligatoria de la planificación. Desde los primeros pasos que da el visionario siempre tiene en mente su idea, su visión, es decir, su objetivo final que no deberá olvidar, ni cambiar en medio del recorrido hacia ese fin. Una vez que ha definido y concretado su visión y cuente con una empresa sólida y madura, es probable que en su etapa de «innovador» tenga nuevamente visiones, pero ninguna será igual a la primera. Como decimos quienes nos dedicamos al mundo empresarial, no hay mucha vida para dos visiones excelentes y distinguidas; con una nos hemos de conformar. Esta etapa es la más volátil y cambiante en la formación de un empresario.

El emprendedor

En su etapa de emprendimiento (ver el capítulo 2), el visionario comienza por fijar los objetivos para la puesta en marcha de la «empresa», fija su misión —camino o ruta hacia la visión—, objetivos, valores y consigue los recursos —económicos, humanos, tecnológicos y materiales— para arrancar su proyecto y luego pone en operación su novel empresa. Esta etapa es la más difícil, ya que las tentaciones de desviar el camino de nuestra visión original hacia otras metas, inclusive algunas oportunistas, las dificultades generadas por las situaciones económicas adversas a las que a veces nos enfrentamos, el desánimo porque las situaciones propuestas no salen como las queremos y la falta de apoyo de la familia o socios, pueden atentar contra el éxito del proyecto de empresa. Habrá que llenarse de mucho optimismo, vitalidad y gran impulso positivo para evitar estos factores desfavorables.

El empresario

Esta etapa de ser un verdadero empresario es la que demanda más condiciones y requerimientos, así como el obligatorio cumplimiento de esas exigencias (ver el capítulo 3). Creemos que lo más difícil es lograr el control de la economía personal, pero una vez cumplidos los otros requerimientos será muy fácil de alcanzar. Esta etapa es la más larga en cuanto al tiempo, ya que implica la maduración operativa, tecnológica y financiera de la empresa, lo que resulta imprescindible puesto que, sin superar esta fase, no se podrá pasar a las siguientes. Es decir, que para continuar la aplicación de la innovación o hacerse inversionista se deberá tener calificación obligada de empresario.

El innovador (diversificación)

Cuando se tiene una empresa madura, con suficiente estabilidad en lo corporativo y lo financiero, el empresario, que ya pasó por sus etapas de «visionario» y «emprendedor», o sus descendientes o pupilos herederos de sus principios y criterios, empiezan a tener visiones de diversificación de los negocios de la «empresa», por lo que entra en su etapa de «innovador» (ver el capítulo 7). Esta es la fase en la que estudia otros negocios vinculados o distintos a los desarrollados originalmente y los emprende, diversificándola y asegurando así la concreción de un grupo de empresas exitosas. Es probable que esta etapa no sea desarrollada por el empresario originario, pero siempre deberán cumplirse las mismas etapas de la primera empresa (visión, emprendimiento, etc.).

El capitalista-inversionista

En algunas ocasiones el empresario termina convirtiéndose en un capitalista o inversionista (ver el capítulo 4), como consecuencia de poseer una empresa exitosa que le ha permitido acumular capitales que desea invertir en otros negocios diferentes a los propios. Tengo mis reservas en cuanto a considerar que esta es una etapa como tal del proceso de consolidación del empresario, aunque necesariamente debo tratar el tema como una realidad confirmada porque se trata básicamente de una encrucijada entre esta etapa y la de la innovación-diversificación. Muchos empresarios, ya en su retiro, aprovechan esta fase para garantizar el valor y rendimiento de sus capitales, aunque creo que siempre preferiría invertir en mis propias empresas a través de la innovación. No obstante, el «empresario» crea un robusto criterio de protección de su patrimonio que hace casi obligatorio su paso a una etapa de capitalista-inversionista.

El empresario y la empresa

Uno de los mayores anhelos de cualquier persona es obtener su independencia económica; no depender de nadie y poder hacer lo que desee y cuando lo desee con su vida. La formación e implementación de una empresa es una de las fórmulas más indicada para lograrlo de manera organizada y planificada, pero en ese difícil recorrido para conseguir el objetivo —salvo en contadas excepciones (ver nota)— el emprendedor formador de la empresa debe necesariamente reunir tres factores esenciales para convertirse en un empresario exitoso, los cuales son: a. Una conducta personal adecuada; b. Conocimiento claro del tipo de negocio que se desea explotar, y c. Un entorno macroeconómico que no sea tan agresivo con la creación y desarrollo de nuevos negocios. No reunirlos desviará el medio de conseguir la meta (visión) y probablemente nos llevará por caminos de mucha dificultad que provocarán el fracaso del proyecto de empresa.

Nota.

Por experiencia sabemos que para la formación de una empresa se deben reunir estos tres factores especiales, pero se han presentado excepciones de emprendedores que, sin salirse de los límites éticos, dentro de economías desastrosas y sin conocimiento previo del tipo de negocio, han formado empresas exitosas que han cambiado los paradigmas de muchos seguidores de los temas de formación de negocios.

Una conducta personal adecuada

El primer factor que estudiaremos es la conducta del emprendedor, la cual debe comprender tres importantes principios o elementos (algunos son virtudes, ver nota) para poder garantizar el logro del desarrollo personal y alcanzar nuestros deseos, imprescindibles para conseguir el máximo galardón al que pueda aspirar una persona, que no es otra cosa que culminar exitosamente el objetivo que se ha propuesto, como, por ejemplo, una empresa, una profesión u otro propósito prioritario. Esos principios o elementos de la conducta personal son la ambición, la perseverancia y la responsabilidad, que comprensiblemente en el verdadero «empresario» están dentro de un equilibrio perfecto. Y esto, en consecuencia, le permite obtener riqueza, pero debemos estar claros en que «crear riqueza» no es lo mismo que «tener riqueza», por tanto también analizaremos este resultado vinculado con el éxito. Como contraparte, en el «oportunista» estos factores están presentes de manera muy desequilibrada o uno de ellos anormalmente exagerado, o bien no existen en algunos.

A continuación analizaremos cada uno de estos aspectos de la conducta humana y también el concepto de «empresa» y de «éxito», los cuales, aunque no son propiamente elementos de la conducta humana, sí son consecuencias de la correcta práctica de los mismos:

Ambición

Podemos definir la «ambición» como un deseo vehemente e intenso de conseguir la meta que nos proponemos. La ambición nos mueve y estimula siempre a superarnos y lograr los objetivos que nos hemos propuesto. Es posible que una persona ambiciosa logre todo lo que se proponga. Pero no debemos confundir ambición con codicia o avaricia, pues son términos totalmente diferentes. Al codicioso no le importan los medios a los cuales recurrir cuando desea algo; se convierte hasta en delincuente con tal de obtener lo que se propone, por lo que siempre hay que separar estos términos. La ambición no es más que la voluntad de lograr superarse. El ambicioso que desea conquistar algo lo planifica y se procura los medios para lograrlo de manera legal y ética, mientras que al codicioso no le importa la planificación, solo lo mueve aquello que persigue y esgrime cualquier vía legal o ilegal para obtenerlo; al avaro no le importa inclusive afectar a su familia con tal de conquistar lo que se propone. Asimismo, debemos eliminar la estigmatización (ver nota) del concepto ambición, ya que muchas personas piensan que ser ambicioso es malo y nada más equivocado. Sin la ambición de obtener algo, nunca lo alcanzaríamos.

Para formar una empresa, inclusive para llevarla a su desarrollo, modernización y actualización permanentes, sus líderes deberán de tener una visión ambiciosa —que es la meta ideal que nos hemos propuesto cuando la creamos—, porque solo así se lograrán los objetivos planteados. Los líderes de las empresas deberán soñar en grande, aun cuando algunas veces esto es criticado simplemente porque no se entiende que todos los líderes de las grandes empresas actuales, cuando las crearon, en un garaje, en un pequeño local o en una habitación de su casa, soñaron con la empresa que actualmente tienen y siempre nutrían esos sueños con su voluntad, constancia y responsabilidad. Ellos nunca abandonaron su visión y hoy poseen lo que pensaron, lo que soñaron.

Nota.

Estigmatizar, aunque es un término religioso antiguo que enuncia la marca que hacían a los creyentes en Cristo con un hierro caliente, en términos modernos tiene que ver con fijar en la mente de las personas, casi como una marca indeleble, que un concepto es malo o que está erróneamente aplicado.

Perseverancia

Muchos textos y diccionarios la definen como la voluntad inquebrantable y continuada en la determinación de hacer algo, llevar una idea a su realización o en el modo de realizarlo. Es sinónimo de constancia y podríamos considerar que la perseverancia es una virtud que nos conduce a lograr lo que nos proponemos. La persona perseverante o que tiene constancia siempre logra lo que se plantea, aunque en ocasiones tarda un poco más de lo planificado o debe tomar diferentes vías para lograrlo, distintas a las que se había planteado o que ya había recorrido inicialmente. La persona perseverante no ve problemas u obstáculos en el recorrido hacia su meta, solo los considera retos; nunca piensa en renunciar, simplemente hace pausas y continúa hacia la meta planteada. La perseverancia es una fortaleza del carácter de una persona que tiene una capacidad muy alta de autocontrol y son los optimistas más conservadores que se conocen; siempre están pensando en lograr su propósito, pero nunca dejan de analizar las dificultades y los riesgos que implica ir hacia él y plantean cómo cambiar de ruta sin perder la meta. Inclusive, como método ineludible para lograr el éxito, el perseverante, antes de arrancar hacia una meta, hace un análisis muy minucioso de la realidad de esta y la adecua a su propia realidad, a sus medios y recursos, no para cambiarla sino para fijar el tipo, la forma de la ruta y la estrategia a utilizar. También, cuando las situaciones se ponen muy difíciles, se fija metas más pequeñas y posibles, pero que siempre en la ruta de la meta principal que se propuso.

Responsabilidad

Responsabilidad significa compromiso, expresa capacidad de respuesta. Una persona responsable es aquella que cumple con sus obligaciones sin ningún problema o retraso, inclusive no acepta los compromisos hasta asegurarse de que puede cumplir a cabalidad con los mismos.

La responsabilidad es también una virtud de aquellas personas comprometidas con valores éticos y morales. Por lo general, la responsabilidad aumenta con la madurez de las personas, aunque muchos de los jóvenes de hoy, que han crecido en un entorno familiar y social responsable, están más comprometidos con la ética y la moral que adultos maduros que no han tenido la suerte de haberse criado o vivido en entornos favorables (ver el capítulo 2).

La responsabilidad es sinónimo de «compromiso». Un individuo comprometido es una persona responsable a futuro, que cuando acepta un compromiso ya lo ha estudiado y sabe que tiene capacidad y suficientes medios para superar cualquier obstáculo o dificultad que le impida cumplirlo; por lo tanto, sabe que lo hará. Para que exista un compromiso es necesario que haya conocimiento claro e integral del mismo, es decir, no podemos estar comprometidos a hacer algo si desconocemos los aspectos de ese compromiso y las obligaciones que supone. La responsabilidad es un valor que está en la conciencia de las personas, el cual le permite reflexionar, administrar, orientar y valorar las consecuencias de sus actos. Una vez que pasa al plano ético en la puesta en práctica, conoce la magnitud de dichas acciones y cómo afrontarlas de la manera más conveniente y ajustada a la mayor legalidad. Una persona se caracteriza por su responsabilidad porque tiene la virtud no solo de tomar una serie de decisiones de manera consciente, sino también de asumir las consecuencias de las mismas y de responder ante quien corresponda en cada momento. (El último párrafo fue tomado de la página www.ideasrapidas.org, de autor anónimo).

La primera responsabilidad que debe tener el novel empresario emprendedor es consigo mismo porque, debido a su compromiso de llevar adelante su meta y cumplir así su ambición, está obligado a no fracasar. Este compromiso le asegurará una sólida autoestima y estimulará su perseverancia.

Como vemos, todos los principios anteriores están muy vinculados y ninguno podría establecerse por sí solo. También la empresa como un ente tiene responsabilidades que obviamente involucran de manera directa a sus accionistas propietarios y administradores, responsabilidades que están vinculadas a sus recursos humanos, clientes, suplidores, a la comunidad de su entorno y a la sociedad. Esta última se denomina responsabilidad social, y todas serán motivo de análisis y estudio en otros capítulos del libro.

Aquí se muestran en gráficos algunos ejemplos de lo que pensamos son las proporciones correctas y los desequilibrios en estos tres principios de la conducta humana que pueden afectar el logro, los cuales están interrelacionados unos con otros, y se comparan con el equilibrio de una persona exitosa, de un empresario exitoso:

Honesto funcionario público

PERSEVERANCIA

RESPONSABILIDAD

AMBICIÓN

Es un honesto funcionario público, como un maestro, un policía o un enfermero que, aunque tienen una alta presencia de los factores de perseverancia y responsabilidad, el componente de ambición nunca será el suficiente como para llevarlo más allá de lo deseado como finalidad de vida. Hay que considerar que, en la mayoría de los casos, se llega a esas profesiones por pura casualidad y no por haberlo planificado. Con esto no deseo descalificar el hecho de que probablemente estas personas se sientan exitosas por haber logrado alcanzar su meta profesional, pero en nuestros países sabemos que los reconocimientos, tanto de remuneración como de méritos, no compensan el esfuerzo y la voluntad de estos profesionales para cumplir con sus oficios, por lo que obligatoriamente necesitarán ampliar su espectro de ambición.

Persona codiciosa y oportunista

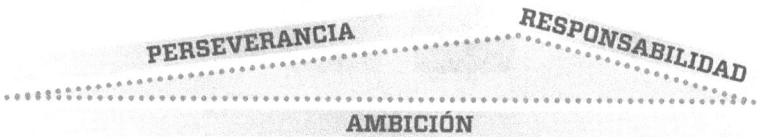

PERSEVERANCIA   RESPONSABILIDAD

AMBICIÓN

En contraste con lo anterior, tenemos el desequilibrio de estos factores en la conducta de una persona oportunista, provista de una alta ambición por obtener riqueza, que posteriormente puede convertirse en codicia, pero sin la perseverancia y responsabilidad que caracterizan la personalidad de logro. Este desbalance, inclusive de acuerdo con mis análisis y observaciones propias, no se podrá corregir nunca, puesto que las personas acostumbradas a obtener dinero de manera fácil, sin esfuerzo, sin constancia o perseverancia en las actividades que se proponen y sin la suficiente responsabilidad que eso implica, jamás en su vida se enmendarán; se convertirán en corruptos, defraudadores, chantajistas, estafadores y más radicalmente hablando en «delincuentes», y lo más grave de esta conducta es que, lamentablemente, puede ser copiada por sus hijos y hasta justificada por su familia.

Ahora, producto del balance necesario en los factores de la conducta involucrados en la competitividad y las buenas habilidades de las personas (ver nota) se logra conquistar lo que nos proponemos y, de esta manera, surgen las personas y empresas exitosas y, como consecuencia de ello, también se crea riqueza.

A continuación analizaremos los conceptos de «éxito» y «empresa», ahora brevemente, pero en el desarrollo de otros capítulos del libro profundizaremos en ellos.

Empresario exitoso

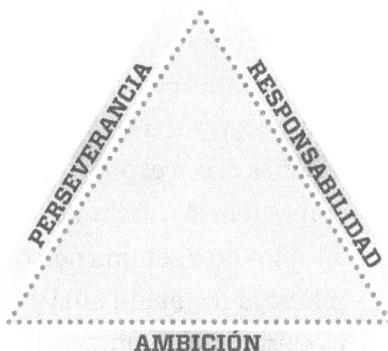

PERSEVERANCIA

RESPONSABILIDAD

AMBICIÓN

Nota.
En la práctica no se ha confirmado que estos factores de la conducta sean los únicos que pueden hacer que una persona alcance lo que se propone. Hay excepciones, pero como experiencia propia he conocido personas de éxito, no solamente verdaderos empresarios, sino profesionales y artistas que, de acuerdo con mis investigaciones, cumplen con este balance.

Éxito

El éxito es un concepto relativo, muy mal manejado por las personas que en muchas ocasiones solo lo vinculan con el dinero. Se trata de un concepto que tiene que ver con «lograr lo que nos hemos propuesto o planificado», por lo que siempre habrá pequeños éxitos y grandes éxitos, de acuerdo con el esfuerzo realizado, el tiempo empleado y la perseverancia para lograrlo. Los pequeños éxitos siempre son los logros de una persona, escalones de éxito hacia uno mayor. La riqueza no es un éxito, es la consecuencia de ser un excelente profesional o de tener una empresa exitosa.

De acuerdo con los diccionarios, el éxito tiene su origen en el término latino *exitus*, que significa «salida». El concepto remite al efecto o a la consecuencia acertada de una acción o de un emprendimiento. Su raíz se hace más o menos evidente según el contexto en que usemos esta palabra, ya que muchas veces expresa «sobresalir», «salir por encima de la competencia», «salir de la oscuridad, de ser ignorado y del anonimato a ser una persona popular y conocida». Éxito se refiere al resultado final y satisfactorio de una tarea. Si bien es cierto que el contexto del éxito se basa en el triunfo obtenido en una circunstancia, no necesariamente tiene que ser absoluta. Se considera éxito una acción a la que se le han visto resultados positivos, más no que sea una contienda que haya superado las expectativas. El éxito se obtiene a partir de la buena gestión y organización de las actividades a realizar, a fin de que nos encontremos los resultados esperados o aproximados. (El último párrafo fue tomado de la página www.defincionabc.com, de autor anónimo).

Empresa

Para muchos, la forma más simple de definir la empresa es: la de institución que fundamos como emprendedores con la visión que fijamos, promovida por nuestros deseos de tener una mejor calidad de vida y a la que luego le damos vida propia. No obstante, un concepto muy realista de empresa es: toda aventura, planificada y programada de la cual se obtiene el objetivo esperado.

Aunque en la actualidad la empresa solo es definible dentro de los entornos económico-financiero-social (ver nota 1) y la especifican como una unidad económico-social integrada por elementos humanos, materiales y técnicos-tecnológicos, que tiene como objetivo generar utilidades para sus propietarios o accionistas mediante su participación en el mercado de bienes y servicios, para lo cual hace uso de factores productivos, como trabajo, conocimiento y capital, entre los más importantes (tomado del diccionario en línea «definición.de», de autor anónimo).

Es obvio que el objetivo primordial de este capítulo introductorio es orientar a las personas para la formación y el desarrollo de una empresa (ver nota 2). Lo más importante de estos primeros pasos de nuestra explicación es que se entiendan los conceptos para que su establecimiento no encuentre obstáculos ni genere traumas. En los capítulos que siguen explicaremos de forma detallada, técnica, administrativa y financiera la formación y puesta en marcha de la empresa.

Nota 1.

En el ámbito legal una empresa comercial es aquella cuyo desempeño es regido por el Código de Comercio (normas legales para el comercio). Son todas aquellas empresas privadas o públicas que generan renta de los capitales utilizados en su formación (inversión) y están autorizadas a convenir la venta de productos y/o servicios y recibir a cambio beneficios económicos.

Nota 2.

En mi opinión definir como exitosa a una empresa (y aunque hago varias menciones de «empresa exitosa» en el libro) es una redundancia, según los conceptos explicados anteriormente, puesto que la empresa que no logra sus objetivos no debe llamarse empresa. Probablemente puede suceder que aún no le corresponde lograr sus objetivos o que dentro de los periodos inicialmente programados se han realizado ajustes no formalizados o documentados que desvían o redefinen el objetivo inicial. Una empresa deberá formarse en sus inicios con objetivos poco ambiciosos y muy conservadoramente ajustados al tiempo, y una vez logrados esos objetivos iniciales se fijarán otros de mayor dimensión y dificultad, y así sucesivamente. Si se logran todos, la suma de los éxitos obtenidos dará como resultado una empresa.

Conocimiento claro del tipo de negocio que se desea explotar

Es una condición natural de toda persona que intente ganarse la vida ejercer la profesión que mejor conoce y en la que sepa desenvolverse con habilidad. Suena absurdo que un individuo, dentro de los límites legales, intente ejercer una profesión para la cual no está preparado, calificado o que no se sienta cómodo desempeñándola. Es lógico que el emprendedor fije su visión en un negocio que esté dentro del espectro natural de sus conocimientos. Esta es una regla muy clara a cumplir en la formación de una empresa, de la cual él o los socios fundadores —al menos uno— deben conocer muy bien la materia principal de explotación del negocio, que puede ser comercial, técnica-tecnológica y financiera, entre las más utilizadas. A continuación las describiré detalladamente, así podrán en el futuro, cuando la empresa esté en funcionamiento y en pleno desarrollo, saber a quién delegar las funciones principales (ver nota).

Nota.
No obstante, el empresario, una vez que su empresa esté consolidada, sabrá a quién delegar las funciones principales de explotación del negocio, pero deberá continuar dirigiendo y supervisando desde el más alto nivel decisorio de la empresa (la Junta Directiva) la implantación de todas las estrategias financieras, comerciales y tecnológicas. Estas responsabilidades se pueden delegar en su descendencia familiar o en otros socios responsables.

El negocio comercial

El negocio comercial es el más difundido y desarrollado entre los emprendedores, y es aquel donde se compra un bien, material o equipo, se le adiciona valor agregado comercial —como ofrecer la mercancía en un lugar accesible, disponer de medios electrónicos para el cobro, estar siempre a disposición, etc.— y luego se comercializa. Este tipo de negocio solo requiere de la habilidad de comerciante que pueda tener el emprendedor y, aunque esto parezca fácil, esta experiencia de comercializar incluye la innovación en el tipo de servicio que se ofrezca como valor agregado de la venta, saber cuándo se debe tener *stock* o no de alguna mercancía, manejar una favorable rotación de inventarios, etc. Aunque son muchos los que se deciden por este tipo de negocios, tal vez porque los requerimientos son menos exigentes, son pocos quienes llegan a tener empresas que se destaquen.

El negocio técnico-tecnológico

Es el tipo de negocio que requiere mayor capacidad de conocimiento; es el menos difundido, pero es el que reporta a sus accionistas las mayores ganancias con menos inversión, puesto que la inversión real es de tipo intangible: es conocimiento. El o los emprendedores deben conocer bien el núcleo técnico-tecnológico del negocio, por lo que es el más explotado por ingenieros y técnicos.

El negocio financiero

Tiene como condición clave la alta responsabilidad de las personas que lo manejan. En este tipo de negocio no solamente el emprendedor debe conocer claramente las reglas de las finanzas y la economía, sino también tener una reconocida reputación de honestidad y compromiso financiero. En muchos países el negocio financiero está constituido por negocios de familia, legados de abuelos a padres y a hijos, en los cuales la garantía y la responsabilidad del negocio se fundamentan en la experiencia y la trayectoria de los negocios en el tiempo.

Un entorno macroeconómico que no sea tan agresivo a la creación y al desarrollo de los negocios y las empresas

Las regulaciones y la agresividad de una economía controlada son factores de la macroeconomía que atentan contra la competitividad y el desarrollo de las empresas y, en mayor porcentaje, contra las incipientes iniciativas empresariales. Una economía nacional saludable, donde los principales componentes del mercado, como la oferta y demanda, la calidad de sus servicios y productos, la eficacia de sus procesos y las reglas de juego comercial (códigos de Comercio) sean propicios, fomenta la fundación, el crecimiento y desarrollo de las empresas y es el tercer factor a favor de la formación de estas. No niego que hay empresas que sobreviven exitosamente a economías nacionales desastrosas, pero en muchos de estos casos no conocemos las verdaderas estrategias aplicadas por los empresarios para la sobrevivencia y puede que existan acuerdos especiales para ello. No obstante, de un asunto sí estoy seguro: ninguna empresa en condiciones de regulación permanente y con entornos macroeconómicos negativos podrá cumplir con sus objetivos principales, que no son otros que generar beneficios económicos a sus accionistas, dar empleo seguro y confiable, pagar sus impuestos y diseñar e implementar planes de responsabilidad social.

Conclusión del capítulo 1

Como conclusión, sin el ánimo de tocar a profundidad temas de psicología personal, es conveniente recordar que, aunque para lograr nuestro desarrollo profesional no debemos depender de la oportunidad, tampoco estamos a favor de rechazarla desde el punto de vista del provecho que puede significar en nuestra planificación y crecimiento programado. También sabemos que debemos lograr el mejor equilibrio entre los componentes de la personalidad que pueden afectar nuestra conducta futura como personas; estar claros en cuanto a los conceptos de empresa, éxito y riqueza; que se debe explotar el tipo de negocio cuyos fundamentos de funcionamiento conocemos claramente, y buscar las mejores economías nacionales para establecernos.

Nota.

En algunos de los conceptos descritos fueron utilizadas como referencia las enciclopedias abiertas en línea: www.es.wikipedia.org, www.enciclopedia.us.es, www.bidi.uam.mx, bibliotecavirtual.dgb. umich.mx, entre las más importantes.

Capítulo

2

EL EMPRENDEDOR

«El emprendedor es un aventurero apasionado por realizar su idea y proyecto de empresa y es necesario que sea así. No obstante, una vez que su empresa ya está en funcionamiento, debe dejar atrás su apasionamiento y ser más racional y estratega, sino su empresa será solo un sueño perdido en el tiempo».

En la creación y el establecimiento de una empresa comercial debe existir necesariamente la intervención de una o más personas con el firme propósito de sacarla adelante de acuerdo con las pautas de visión, misión, orientación, mercado, procesos, etc. que se han fijado, y verla crecer sostenidamente, sin temer al entorno, aunque sea adverso, y sin retroceder o ver atrás, arriesgando inclusive hasta el último recurso económico con el cual cuentan. Este tipo de persona tiene una condición especial, son los emprendedores.

Mucho se ha escrito sobre creación de empresas en libros sobre el tema y en textos de autoayuda, también se instruye en seminarios y cursos, pero los aspectos principales que abordan son siempre la organización, la gerencia, los procedimientos de operación, las formas de administración, las tecnologías aplicadas a la empresa, etc., pero poco se habla de las condiciones que deben tener sus fundadores para hacer de ellas proyectos sostenibles en tiempo, espacio y economía.

Si hacemos un análisis estadístico de los índices de fracaso durante la formación y los primeros años de funcionamiento de las empresas resultará que los emprendimientos fallidos son muy altos en comparación con las empresas que sí salen adelante. Inclusive, esa estadística nos hace pensar que las empresas exitosas logran avanzar solo porque en algunos de sus fundadores se encuentran personas verdaderamente emprendedoras. Si lo enfocamos desde un punto de vista del objetivo, el solo hecho de querer formar una empresa y hacer un proyecto de la misma, o probablemente arrancarla, no convierte a una persona común en un emprendedor, puesto que las características de este son especiales; se puede nacer con ellas, luego desarrollarse como tal y mejorarlas hasta el punto de saberlas aplicar con el éxito como consecuencia.

¿Quién es una persona emprendedora?

El emprendimiento es parte de la labor que, desde la planificación hasta la culminación con el logro de resultados positivos, forma parte de cualquier proyecto. Es una condición que tiene, muestra o desarrolla un porcentaje relativamente pequeño de personas, lo que también sucede con los encargados de tomar decisiones, liderar grupos y equipos humanos. Como muestra, si observamos un ejemplo que nos resulte familiar —solo para comparar—, como una obra de construcción, que vemos desarrollarse desde su comienzo hasta su final y su implementación exitosa, notamos a mucha gente trabajando, coordinando, supervisando y dirigiendo, pero es seguro que solo unos pocos o probablemente una persona sea quien lidere y le dé el carácter de emprendimiento que se requiere para lograr un resultado positivo.

Lastimosamente observamos muchos entusiastas comienzos de proyectos, con muy interesantes propósitos e intenciones, que se quedan en el inicio o en ideas maravillosas. Muchos alegan falta de recursos económicos o materiales; sin embargo, cuando se tiene la condición de emprendedor no hay ningún obstáculo que se interponga entre el comienzo de un propósito y un final con resultados satisfactorios. Podríamos definir al «emprendedor» como una persona que enfrenta con resolución las acciones difíciles de un proyecto o propósito; es aquel individuo que está dispuesto a asumir riesgos de cualquier índole con tal de lograr el objetivo trazado.

Para ser emprendedora, una persona debe saber cuáles son sus habilidades y dones innatos en todas sus áreas de actuación, como son la física, mental, emocional y espiritual. Así podrá emplear sus fortalezas provechosamente y buscar maneras de compensar sus debilidades.

Como ejercicio, analicemos casos particulares en nosotros mismos o en las personas de nuestro entorno cercano como miembros de una sociedad, habitantes de un suburbio, copropietarios en un condominio o empleados de una empresa. ¿Cuántas personas conocemos u observamos que se propongan hacer algo extraordinario y diferente a lo rutinario y lo culminan? Por ejemplo, emprender algún viaje al estilo aventura; hacer algún tipo de obra; una remodelación importante en su hogar; o algo mucho más importante, como la de tener una nueva profesión o una especialización que contribuya a su realización personal y a mejorar su calidad de vida, o bien emigrar a otro país buscando nuevos horizontes, y luego, como final de este ejercicio, constatar cuántas de esas personas lograron con éxito los planes tal como se los propusieron.

Vemos un gran porcentaje de personas conformistas, que no planifican ni comienzan nuevos proyectos o no hacen cambios en sus estilos de vida por temor a fracasar, inclusive alegando que no disponen de los recursos necesarios o simplemente porque no tienen o no han desarrollado su cualidad de emprendimiento y se sienten muy seguros en su «zona de confort» (ver nota) no asumen riesgos y, en la mayoría de los casos, solo se limitan a seguir a aquellos que sí logran el éxito. De esta manera viven una realidad, un estilo o una forma de vida que no le es propia o acorde con la que pudiesen lograr si se lo propusieran.

Nota.
En el ámbito de la psicología se conoce como «zona de confort» al estado en el cual la persona opera en una condición de «ansiedad neutral», utilizando una serie de comportamientos regulares y cotidianos para conseguir un nivel constante de rendimiento sin ningún sentido del riesgo. La persona se conforma con lo que tiene a mano en su entorno. Tomado del libro de Alasdair A. K. White, *From Comfort Zone to Performance Management*.

¿Se nace con la condición de emprendedor o podemos aprenderla?

Este es un interrogante que muchos se hacen y cuya respuesta es fácil, pues lo cierto es que tal condición pareciera estar inserta en los genes de cada individuo. Es indiscutible que casi todas las personas nacen con la cualidad de asumir riesgos, porque es parte de la naturaleza humana. Esas personas pueden ser calificadas de aventureras, pero si no desarrollan y mejoran esa facultad conociendo sus debilidades es probable que su futuro sea incierto, porque de tener éxito en algunas de las acciones que emprendan es probable que sea por suerte o destino. Pero en estos casos los fracasos pueden acumularse de tal forma que consuman o agoten no solo los recursos tangibles, como los económicos, sino también los no tangibles, como los emocionales, mentales y espirituales, que a mi criterio son mucho más importantes que los primeros.

Hay que reconocer que la persona emprendedora puede sufrir adversidades o reveses en lo que se ha propuesto; sin embargo, una característica natural de los emprendedores es que analizan cuidadosamente las causas del fracaso y vuelven a comenzar con su mente siempre puesta en el objetivo inicial, pero ahora cambiando la ruta y considerando las causas del fracaso anterior para no volver a cometer los mismos errores. No niego que cualquier persona pueda sentir frustración y desilusión ante resultados adversos, lo que evidencia un fracaso en los planes, pero en los emprendedores estas experiencias refuerzan los ánimos de volver a comenzar y retomar un nuevo paradigma para llegar al objetivo inicial. Es obvio que el emprendedor es aquel que tiene éxito en su emprendimiento, por lo que no existen auténticos o falsos emprendedores; si la calificación de emprendedor es válida es porque hubo éxito.

Ahora, volvamos al interrogante inicial: ¿se nace con la cualidad de emprendedor o podemos aprenderla? Como respuesta a esta pregunta y valiéndome de las experiencias y observaciones obtenidas en mis investigaciones, puedo asegurar que ser emprendedor es una condición innata de las personas y estoy seguro de que no puede formarse o adquirirse con capacitación, instrucción o experiencia. Toda persona puede nacer con esta cualidad y aplicarla con éxito en su vida y es un emprendedor; sin embargo, no todos aquellos que nacen con esta condición tienen garantizado el éxito en todos los proyectos o propósitos que se planteen. Los emprendedores deben desarrollar algunas habilidades para aplicarlas en los diferentes ámbitos, si no es así, como lo mencionamos al principio, pueden caer en la denominación de «aventureros», que son aquellos que se lanzan a realizar todo lo que se les ocurre o se proponen y no culminan nada, malgastando recursos y esfuerzos tangibles y no tangibles, lo que se transforma en agotamiento que hace casi imposible retomar nuevamente la cualidad de emprendedor.

Tales experiencias y observaciones también me indican que esta cualidad se puede perfeccionar para aplicarla con éxito a cualquier plan o proyecto de vida, lo que sí resulta difícil es que puedan ser emprendedoras aquellas personas predispuestas a no asumir riesgos, o quienes durante los periodos más importantes de su formación personal —entre los 5 y 15 años— reciben en el ámbito familiar modelajes negativos o de alta frustración. Creo que todo ser nacido en el seno de un hogar sano, con padres —así sea uno solo de ellos— que le ofrezcan el *modelaje correcto* y un ambiente de independencia y saludable desenvolvimiento puede optimizar su cualidad de emprendedor.

Deseo aclarar los siguientes conceptos: modelaje correcto es aquel en el cual el niño o joven ve en sus padres o tutores a personas honestas, sinceras, realistas —con los pies en la tierra, coloquialmente hablando—, que actúan congruentemente y se expresan de manera asertiva. No necesariamente deberá ser un modelaje de unos padres de éxito como profesionales o empresarios, inclusive hay familias cuyos padres son profesionales o empresarios y el modelaje es altamente negativo. La *congruencia* es esa sensación de coherencia, veracidad, certidumbre y sinceridad que nos proporciona nuestra fuerza interior; es cuando todas nuestras partes internas están alineadas hacia un mismo objetivo, hacia un mismo fin. La razón estriba en que la coherencia ofrece a la persona una energía que le permite procesar la realidad a la que se enfrenta. Está claro que un individuo coherente es aquel que regularmente hace lo que dice; en otras palabras, que practica lo que predica. Por su parte, la *asertividad* es una forma de comunicación o expresión consciente, congruente, clara, directa y equilibrada, cuya finalidad es comunicar nuestras ideas y sentimientos o defender nuestros legítimos derechos sin la intención de herir o perjudicar. Nunca diga «Sí» si lo que desea es decir «No». Este es uno de los criterios prácticos de la asertividad.

¿Cómo lograr desarrollar la cualidad del emprendimiento?

Soy un convencido de la importancia que tiene la educación básica escolar en la formación emprendedora de las personas. Lograr que en las escuelas y liceos los estudiantes se enfrenten a retos de alcanzar objetivos, como en investigación y proyectos, exigiéndoles obtención de resultados, sumado a un ambiente familiar positivo y favorable, es una de las mejores vías para la formación de un espíritu emprendedor. Pero es necesario indicar que si este no es desarrollado en los primeros años de existencia consciente del niño o el adolescente en el ambiente familiar (ver nota), y como complemento en las escuelas básica y media, dudo que lo pueda conseguir en las universidades. Los estudios universitarios representan para el estudiante el medio que le permitirá mejorar su calidad de vida; es instrucción de conocimiento, no educación. En el ámbito universitario lo importante no es la cultura o la educación, sino la instrucción o el conocimiento recibido para luego aplicarlo en el logro de la independencia económica del hombre.

Nota.

Es bastante difícil de este lado del teclado tocar temas de la conducta humana y más sin ser profesional en el área del intelecto humano. También lo es intentar opinar sobre la educación familiar y su entorno sin incursionar en temas de la psicología —que puede no ser materia exclusiva de los profesionales en el área—, porque como padres, maestros o tutores abordamos e implementamos estos aspectos constantemente. No obstante, aclaramos que las definiciones, recomendaciones y sugerencias que en adelante se describen no desean suplantar la asesoría psicológica profesional. Simplemente son producto de experiencias reales comprobadas.

¿Qué debemos hacer para mejorar la actitud emprendedora de nuestros hijos?

Como padres de familia, muchas veces hemos pensado en cuál puede ser el futuro profesional de nuestros hijos. De una u otra forma deseamos la mejor de las realizaciones para ellos y hacemos los mayores esfuerzos para colaborar con tal propósito; algunas veces nos sentimos impotentes por no poder darles una solución viable debido a nuestras propias limitaciones profesionales, pero, aunque no se crea, el poder guiar a nuestros hijos por los mejores caminos de su realización personal y profesional, aunque no tiene mucho que ver con nuestra propia realización, demuestra una actitud proactiva y colaboradora. Tenemos muchos ejemplos de madres solteras, humildes y trabajadoras abnegadas que han educado y guiado no a uno sino a varios hijos, que han resultado profesionales y/o empresarios exitosos, lo que demuestra que es un asunto de actitud ante nuestra situación actual y ante nuestro destino, y esto es lo que marcará la diferencia.

A continuación veremos tres fórmulas positivas que pueden ser aplicadas individual o conjuntamente para optimizar esa cualidad de emprendimiento en nuestros hijos, pupilos y tutorados, y probablemente se obtendrá un alto porcentaje de éxito con resultados positivos de su aplicación:

El modelaje positivo

El modelaje es el más importante de los criterios y las formas de enseñanza, y el que probablemente necesite menos esfuerzo y planificación para lograr su objetivo y los mejores resultados; es una forma subliminal de enseñanza, aunque también podría ser una influencia negativa si el proceder no fuera el correcto. El modelaje son mensajes que pasan constantemente por debajo de los límites normales de la percepción humana —subliminalmente—; son ejemplos de enseñanza que, de una u otra forma, van dejando poco a poco señales del comportamiento de una persona (modelo) en el observador (modelado), las cuales este puede tratar en cualquier momento de imitar inconscientemente y que cuando se percibe de manera constante puede transformarse en un tipo de conducta. Nos podemos remitir a ejemplos: cuando un niño observa a su madre que miente compulsiva y frecuentemente delante de amigos o cualquier otra persona y se da cuenta de que no dice la verdad, el niño percibe que tal conducta es aprobada por su tutora o formadora y luego no tendrá reparos en actuar de la misma forma. Lo mismo sucede con aquellos niños que ven a su padre maltratar a su madre habitualmente —física y/o mentalmente— y a ella soportar este tipo de violencia sin tomar represalias; es probable que esos niños, al crecer, reproduzcan esa misma actitud con las parejas que tengan. Como lo indicamos, son mensajes inconscientes que están formando la conducta de quien los recibe de forma persistente y reiterada.

Ahora, si el ejemplo que estamos dejando con el modelaje observado es favorable a la conducta humana, si el ambiente que generan las actuaciones del padre, de la madre o de los tutores muestra influencias beneficiosas para la formación de una persona, podemos calificarlo de modelaje positivo. Como ejemplo tenemos el referido al comienzo, acerca de los hijos que observan a su abnegada madre, una persona sencilla y humilde, que está ubicada en tiempo y espacio y que, aunque no ha estudiado, sabe de prioridades e inculca estos valores a sus hijos, ofreciéndoles un ambiente libre de intrigas, manipulaciones y desconsideraciones; es decir, hablamos de un medio en el que priva la comprensión, la consideración, el amor a la familia, la colaboración, el respeto y la preferencia por el trabajo. Allí se implanta tácitamente un ambiente positivo que moldeará su desempeño como adultos, en el caso de que deseen ser profesionales o emprendedores de un proyecto empresarial.

Nosotros, los padres, y en casos extraordinarios los representantes legales o tutores, somos los únicos responsables de la formación de la conducta de los niños y de su actuación cuando se convierten en adultos, aunque muchos no lo reconocen y prefieren declinar tal responsabilidad en los maestros y profesores de las escuelas y los liceos. En muchas ocasiones, las personas no asumen este compromiso que ha sido otorgado implícitamente por el destino de haber concebido y hecho nacer a un ser humano.

Comprometer al niño a cumplir con sus compromisos
Muchas veces nos parece un problema hacer exigencias constantes a nuestros hijos para que cumplan con sus responsabilidades —hacer las tareas escolares, atender los compromisos con sus amigos u otros familiares, mantener el aseo personal, etc.— y, por el contrario, aplicamos la indiferencia o la desidia invocando frases religiosas, orando o pidiendo que por la «gracia de Dios» o «por obra del Espíritu Santo» se corrijan las desviaciones, o simplemente dejamos la rectificación para otro momento. Pero todos sabemos que

no será así, que la corrección que se posterga incrementará el grado de descuido y desorientación en la conducta del niño y que hacerla después tendrá un costo y esfuerzo mayores a los que hubiésemos invertido de haberla iniciado desde la edad temprana, cuando los niños comienzan a tener uso de razón o capacidad cognoscitiva. Se ha determinado que fijarle al niño tareas, aunque sean livianas o pequeñas, hacer que se comprometan y obligarlos a cumplir con sus deberes, ayudará enormemente a su desenvolvimiento interdependiente cuando sea un adulto.

Comprometer al niño a culminar lo que se propone comenzar

De adultos nos hemos dado cuenta de por qué muchos proyectos, tareas o actividades que en lo personal o profesional nos hemos propuesto realizar y hemos comenzado, los detenemos, no los continuamos y luego los cancelamos, haciendo que perdamos esfuerzos y recursos importantes, lo que no solamente nos afecta en el aspecto económico, sino también anímica y espiritualmente. Cuántas personas han comenzado una carrera profesional y después de varios años de estudio la interrumpen y luego olvidan, sin reconocer el daño que se han causado; lo mismo sucede con proyectos de formación de sus propias empresas, o de un viaje de vacaciones o de una aventura por más pequeña o breve que parezca. Esas personas nunca se han detenido a analizar el daño personal que se ocasionan, puesto que la frustración y el fracaso se convierten en algo normal en sus vidas, lo que resulta negativo para una persona. El desarrollo personal debería de estar lleno de pequeños espacios de logros, conquistas y éxitos, que le indiquen que está creciendo como individuo, que le den seguridad y refuercen la autoestima que lo convertirá en una persona útil para sí mismo, su familia y su sociedad.

Los psiquiatras, psicólogos y todos los entendidos y colaboradores en la materia, inclusive nosotros mismos en las empresas y en nuestra vida personal, al analizar los motivos por los cuales hemos detenido, descontinuado y suspendido proyectos, actividades y tareas ya iniciados, encontramos dos factores muy importantes que afectan nuestra condición de ánimo para culminar lo que comenzamos, los cuales debieron haber sido inculcados por nuestros padres en los primeros años de formación y reforzados en la escuela básica. Estos factores son: 1. Que no se nos inculcó la necesidad de tener éxito; y 2. Que siempre arrancamos cualquier proyecto, empresa o evento de nuestras vidas sin analizar los recursos necesarios, los riesgos que aparecerán y sin contemplar el tiempo que necesitamos para lograrlo; es decir, que nunca hacemos un plan.

Inculcar al niño la necesidad de tener éxito

Aunque suena un poco arrogante, indicar que existe la necesidad de tener éxito y sentirse exitoso es uno de los factores con mayor peso en la formación temprana de una persona emprendedora. Muchas veces hemos repetido a nuestros hijos «que lo importante no es ganar o estar entre los primeros puestos de la competencia», y los consolamos repitiéndoles a menudo «que lo importante es solo competir», lo que no tiene ningún sentido. ¿Para qué entonces competir? El mensaje «de que no hay importancia en competir» es equivocado y confuso; la noción de que «aunque estés en la competencia, no importa si no logras nada de importancia» es totalmente negativa para la formación de una persona exitosa. Debemos inculcar en nuestros hijos la importancia de competir para tener éxito, de ser el mejor o de estar entre los mejores; que si va a emprender una competición, desafío, proyecto o actividad debe obligatoriamente alcanzar y conquistar el objetivo planteado.

Analizar cada propuesta de actividad antes de comenzarla

Al iniciar un emprendimiento debemos analizar cuáles son los requerimientos o condiciones, si tenemos limitaciones para realizar lo que nos proponemos y cuáles son los riesgos y las responsabilidades que asumiremos. Estos son componentes ineludibles para no fracasar o evitar dejar inconclusos los proyectos, actividades y tareas propuestas, y que forman parte integral del desarrollo en la vida de cualquier persona emprendedora. Es probable que las facultades para comprender esos factores deban ser cultivadas en la educación básica, la cual nos debe enseñar a diferenciar lo importante de lo urgente, lo prioritario de lo ordinario; sin embargo, como padres (ver nota) debemos apoyar la educación básica, sumándole consejos y guías al niño, para que cuando desee comenzar alguna tarea o actividad esté preparado con antelación y no arranque sin hacer una pequeña evaluación de cómo va a realizarla, los recursos que requiere para la misma, y que no haga suyo el popular y coloquial refrán latinoamericano «Como vaya viniendo, vamos viendo».

Nota.

Los padres debemos reconocer nuestras limitaciones a efectos de poder infundir a nuestros hijos una cultura emprendedora, no obstante, y aunque no podamos darle ejemplos o recomendaciones útiles, debemos insistir en que nuestros hijos no sean conformistas, que deben desarrollarse, inclusive exponiendo el ejemplo de nosotros mismos, si aplicase.

Conclusión del capítulo 2

De este capítulo podemos concluir que la cualidad emprendedora es innata en los seres humanos, se nace con ella. Creo firmemente que todas las personas genéticamente hablando nacemos con esa cualidad, que la misma forma parte de nuestro proceso de desarrollo y es un mecanismo de defensa propio del ser humano; sin embargo, la crianza, la educación y el entorno en la formación de los años tempranos de la persona hacen que esta cualidad se manifieste favorablemente o se convierta en lo contrario. Como lo indiqué, el modelaje positivo, obligar a los niños a tener responsabilidad desde pequeños, comprometerlos a que concluyan lo que emprendan, exigirles competencia como medio de desarrollo personal y una educación básica que fomente el mérito, son los factores que desarrollarán la condición de emprendedor; no hacerlo, borrará de su memoria genética la cualidad innata de emprender. Lo lamentable es que esto último está sucediendo en la mayoría de las personas.

Capítulo

3

EL EMPRESARIO

«Ostentar el título de empresario pareciera fácil, solo hace falta registrar una empresa, pero nada más equivocado. Ser empresario es una filosofía de trabajo y desarrollo; ese título hay que ganarlo con el compromiso de producir progreso, riqueza y realización no solo para sí mismo, sino para sus empleados y la colectividad de su entorno».

El Empresario

El término empresario se confunde frecuentemente con propietario de empresa, hombre de negocios, capitalista o inversionista, pero para tener estos títulos lo único que hace falta es hacer una inversión, registrar una empresa o ejecutar un negocio favorablemente. Sin embargo, para ostentar la denominación de empresario hay que calificar cumpliendo varios requisitos y bajo el ojo examinador de los tres jurados más estrictos que hay en el ámbito corporativo: el cliente, tu empleado y el cobrador de los impuestos. Los tres principales requerimientos —hay otros que también necesariamente habrá que cumplir— son: la responsabilidad laboral, la financiera y la social, que otorgarán al empresario la solvencia moral y económica suficiente para ser reconocido como tal.

Otros requisitos no menos importantes son los valores que servirán de modelaje a los otros accionistas —si los tuviese—, a su recurso humano y a sí mismo. Estos son: 1. Lealtad a la empresa; 2. Excelencia y calidad de todos los procesos corporativos; 3. Probidad y transparencia en los actos administrativos, comerciales y en el manejo de bienes y recursos de la empresa; 4. La disciplina y el orden; 5. Honestidad intelectual y profesional; 6. Sana comunicación, franqueza y sinceridad en las relaciones interpersonales, y 7. Ética empresarial y comercial.

Es probable que el requerimiento más importante a cumplir en el periodo de puesta en marcha de una empresa sea la responsabilidad laboral, ya que a menos que el emprendedor se encargue personalmente de cada uno de los procesos de su naciente empresa deberá contratar personal y solo será con la demostración de un compromiso solidario con sus empleados como podrá evitar una alta rotación del mismo, fuga de información y tecnología, y pérdida de costos de formación y adiestramiento.

Para dar el paso hacia la formalización de la empresa, el principal y prioritario jurado examinador será el cliente (ver nota). Él será quien marque la pauta de reconocimiento durante esta y todas las demás etapas de la empresa, pues como lo indica Teodoro Levitt, economista norteamericano y profesor de la prestigiosa escuela de negocios Harvard Business School, en su conocido libro *El mercadeo creativo*: «El principal objetivo de una empresa es hacer y mantener clientes». La expresión «mantener clientes» indica que no basta solo con traer un cliente para venderle por primera vez algo que se produce o se realiza como servicio en la empresa, sino que es tan o más importante que el cliente repita las compras. El siguiente jurado será su recurso humano, que manifestará su deseo de trabajar en la empresa y su conformidad con el trato que en ella recibe, lo que representa una evaluación positiva. Por último, no podemos olvidar al recaudador de los impuestos —el Estado—, pues las instituciones gubernamentales también evalúan y califican a la empresa como una contribuyente confiable y le dan los beneficios pertinentes.

Nota.

Cliente es aquella persona natural o jurídica que realiza una transacción comercial denominada compra a otra persona natural o jurídica (empresa). El término «cliente» no se define en el texto principal; nos limitamos a hacerlo en una nota para evitar que el lector asuma que este libro es de asesoría en mercadeo y no explícitamente sobre los aspectos relacionados con el empresario y su entorno empresarial.

Una vez superada la etapa de formalización de la empresa, donde ya el periodo de emprendimiento finalizó, y como maduración de los procesos de concreción de la misma, se deberán ir cumpliendo los otros requisitos, como son la responsabilidad financiera y la social. La primera, a través de la administración adecuada y rigurosa en el uso del dinero, ya sea a nivel personal, empresarial u organizacional. En palabras muy sencillas, se trata de atender de forma correcta los compromisos administrativos y financieros que se toman en el aspecto personal y el corporativo, pagar correctamente las obligaciones y deudas asumidas, además de darle el real valor al dinero y no hacer gastos suntuarios por pura vanidad u ostentación. Estas obligaciones van desde el correcto pago de los compromisos laborales y el cumplimiento con los suplidores, hasta la satisfacción oportuna de los préstamos bancarios. Igualmente, forma parte de esta responsabilidad no asumir deudas si no se conoce la forma en que las mismas serán cubiertas o pagadas. Más adelante se presenta un método de cómo convertir el dinero en la consecuencia y no en la motivación para tener responsabilidad financiera.

La responsabilidad social corporativa, también llamada responsabilidad social empresarial, es altamente comprometida y valorada en los tiempos modernos y se define como la contribución activa y voluntaria al mejoramiento social, económico y ambiental por parte de las empresas a su entorno social, generalmente con el objetivo de mejorar su imagen hacia el cliente externo e interno (ver nota) como un mecanismo de competitividad, apreciación y aumento de su valor agregado a la sociedad.

Nota.

Los clientes externos son aquellos a quienes la empresa les realiza ventas y servicios, y los clientes internos son su recurso humano, los proveedores y el sector financiero que los respalda, y a quienes les podría afectar un comportamiento negativo y la falta de responsabilidad de la empresa.

En el capítulo 10 se describen más ampliamente las responsabilidades implícitas en la actuación del empresario.

¿Qué te hace convertirte en un empresario?

Para sentir nuestra realización personal —dígase crecimiento como profesional y/o individuo— debemos satisfacer dos de las condiciones más importantes que cualquier ser humano con un raciocinio promedio desea: a. Compensar los necesarios requerimientos económicos para tener la calidad de vida que por justicia nos merecemos (ver nota), y b. El reconocimiento no material a dicho esfuerzo, que es un poco más aliciente para la vanidad, pero muchas veces es tan necesario como el primero; es más, impulsa a lograr el primero.

Nota.

El término justicia se aplica a lo que obtiene cada persona de acuerdo con lo que se merece por su comportamiento y responsabilidad.

La necesidad de superación nos hace pensar e imaginarnos en un plano distinto y superior al presente; nos muestra una «visión» del futuro que deseamos, y esta visión se cumple siempre con el éxito de nuestra propia empresa.

Ninguna persona se ve con una visión diferente a la de concebir y formalizar una empresa y la de ser un empresario, aunque hay excepciones, como la de ser un excelente profesional o deportista y así alcanzar el éxito personal. Es obvio pensar que nuestro paradigma o modelo de éxito personal no nos permite tener visiones incorrectas, como las de convertirnos en jugadores o apostadores astutos o, peor aún, transformarnos en delincuentes. Estas son desviaciones críticas de una conducta inadecuada. Todos sabemos que, aunque se pueda recurrir a estas visiones equivocadas, ninguna puede darnos la seguridad de continuidad, constancia y legalidad como la que nos aportaría una empresa.

El comienzo del camino hacia el reconocimiento como «empresario»

Tomar la decisión de ser independiente económicamente, es decir, no esperar el pago mensual por parte de una empresa, sino lograr esa remuneración de forma autosuficiente y con prospección a incrementarse periódicamente para cubrir las necesidades económicas de una familia modesta, pero moderna en crecimiento y desarrollo, donde la alimentación, la vivienda, la educación, la salud, el transporte y el entretenimiento sean cubiertos sin limitaciones o recortes de ningún tipo, es la mayor aspiración de todo jefe de familia. Mujeres y hombres actuando de forma individual o como jefes de familia no desean limitarse o abstenerse, como sucede con una remuneración fija pagada por un patrono o empresa (ver nota); por el contrario, se aspira a tener suficientes ingresos económicos que le permitan satisfacer esas necesidades básicas y, además, le garanticen asegurarse un futuro sin contratiempos, con un crecimiento personal y profesional sostenido tanto individual como de la familia.

Características típicas
de la personalidad de un empresario

Aunque he asegurado que todos nacen con espíritu emprendedor, esto no significa que llegarán a ser empresarios, puesto que la personalidad de un empresario en su crecimiento y madurez personal suele tener características especiales que lo diferencian de otras personas, inclusive de aquellas que teniendo mayor eminencia cultural y/o económica intentan ser empresarios, pero que solo llegan a convertirse en personas de negocios o inversionistas. Además, considero que quienes no tienen estas características, aunque sean propietarios de empresas y tengan éxito económico, no se pueden calificar de empresarios, porque, por lo general, los rasgos que definen su personalidad no son en su totalidad una suma de estas características. Lo que marcará dichos rasgos es el porcentaje en tiempo invertido en la aplicación de los mismos, así como la transferencia que de estos pueda hacer a los miembros de su equipo. Tales características o rasgos de personalidad preponderantes en los empresarios son:

- Solidario, altamente colaborador, pero por ninguna razón sobreprotector; prefiere que su gente sea competente por sí sola, solo le sirve de guía, nunca controla.

• Ordenado, metódico y sistemático. Para el empresario es muy importante la planificación; aunque muchas veces tiene mentalmente planes para todo, también es organizado.

• Priorizado. Sabe diferenciar correctamente los asuntos importantes de los urgentes y siempre trabaja en los importantes con antelación para evitar tener cuestiones urgentes que resolver.

• Tiene una comunicación clara y muy directa, inclusive cuando desea expresar desacuerdos; evita la diatriba, pero no perdona equivocaciones; sabe cómo amonestar enérgicamente con resultados positivos.

• Por lo general, en cuanto a su interrelación personal dentro de la empresa, actúa con racionalidad, discrimina de manera directa y trata al máximo de no vincularse sentimentalmente con personal de su empresa.

Como corolario de todo lo anterior, también debo confesar que la personalidad de un empresario no es totalmente de ensueño o ideal; puede ser muy cambiante en cuanto a su predisposición a seguir normas y regulaciones, así como en muchas ocasiones se muestra preocupado y en momentos disgustado cuando sus asuntos no son favorables a lo planificado. Además, la costumbre de tomar decisiones, dar órdenes y el poder económico que se tiene así sea escueto, lamentablemente nos quita esa humildad que nos caracterizó como emprendedores y muchas veces, por desgracia, nos hace arrogantes, soberbios y a veces prepotentes. No obstante, el empresario nunca pierde la visión que se ha fijado y mantiene un alto porcentaje de aplicación en los rasgos de personalidad favorables que he descrito en otros párrafos y capítulos del libro.

Conclusión del capítulo 3

Con el deseo expreso de describir en este capítulo solo las cualidades necesarias para ser un empresario, y en el entendido de que en el desarrollo del libro se explicarán los métodos y procesos para lograr obtener los créditos necesarios para lograrlo, concluimos en que ser un empresario no es el solo el reconocimiento de que se es propietario de una empresa, y que ser empresario es calificarse como tal. Para ello, los tres principales requisitos son tener: 1. Responsabilidad laboral; 2. Responsabilidad financiera, y 3. Responsabilidad social. Estos requerimientos estarán sujetos al examen de los tres jurados más estrictos que hay en el ámbito corporativo: 1. El cliente; 2. Tu empleado, y 3. El recaudador de los impuestos. También que los otros requisitos que necesariamente deberán convertirse en valores personales y de la organización a través del modelaje son: 1. Lealtad a la empresa; 2. Excelencia y calidad de todos los procesos corporativos; 3. Probidad y transparencia en los actos administrativos, comerciales y en el manejo de bienes y recursos de la empresa (aunque se trate de un único accionista); 4. Disciplina y orden; 5. Honestidad intelectual y profesional; 6. Sana comunicación, franqueza y sinceridad en las relaciones interpersonales, y 7. Ética empresarial y comercial.

Otro aspecto importante es que este apartado no se extiende mucho sobre la calificación del empresario, debido a que en los demás capítulos se describe de forma más específica su vinculación con otras características que pudiese compartir, así como su relación con todos los ámbitos vinculados con la empresa.

Capítulo

4

EL INVERSIONISTA

«Las personas que invierten capital en una empresa sin inmiscuirse en su gestión se asignan o les asignan erróneamente el título de "empresario", pero en este caso estos actúan únicamente como inversionistas y solo les interesa un rendimiento favorable de su capital; por el contrario, el legítimo empresario, además de invertir su capital, interviene directamente en la dirección, gestión y operación de su empresa».

Deseamos comenzar este capítulo con una recomendación para el novel empresario: «Cuando un emprendedor logra ahorrar o conseguir un capital representativo para la formación y arranque de su empresa, solo deberá utilizarlo como capital de trabajo y para invertir en los equipos necesarios para las operaciones de su empresa. Bajo ninguna circunstancia, así la oferta sea muy buena, deberá hacer inversiones en inmuebles, bienes no productivos o suntuarios, aunque sea como inversión de la empresa, ya que agotará sus fondos económicos y no podrá realizar la explotación correcta de los productos de la empresa». El empresario solo podrá hacer este tipo de inversión cuando la organización esté madura, con suficiente holgura económica y apoyo de sus instituciones financieras, por lo que es probable que desempeñe un nuevo rol, el de inversionista o capitalista, y si después de haber utilizado parte de su capital para hacer inversiones, la empresa requiere de algún capital de trabajo el empresario sabrá cómo obtenerlo.

En el presente capítulo hacemos la investigación y el análisis sobre el «inversionista» como factor determinante en la formación u operación de las empresas, con la idea de separar sus criterios rentistas del criterio del empresario, que deberá ser siempre de producción. Lo hacemos con intenciones específicas de alta crítica y separamos al inversionista del real sentido empresarial, porque la actitud fundamentalmente rentista del inversionista es negativa y desfavorable al estímulo que se requiere para impulsar la formación y el desarrollo de una empresa. No obstante, los inversionistas «son prioritariamente necesarios» en el desarrollo de las empresas, pero solo el empresario deberá saber seleccionar al inversionista apropiado, pactar el mejor convenio que mutuamente favorezca a las partes y fijar los beneficios de acuerdo con los riesgos que asumirá el capital del inversionista. Es imperativo que en ningún momento el empresario acepte condiciones especulativas y desmedidas de inversionistas o capitalistas, ya que probablemente pierda el control y las decisiones sobre la empresa, cuya consecuencia será la pérdida de su esfuerzo por conseguir el éxito.

En ocasiones y como resultado de haber alcanzado el éxito, después de un buen periodo de maduración de la empresa, el empresario deviene en principal inversionista; sigue invirtiendo y reinvirtiendo capital en su empresa y, como consecuencia necesaria, delega el control de los negocios y de dicho capital en personas sin las suficientes calificaciones como empresarios: sus hijos, un familiar cercano o algún directivo, lo que puede producir en el mediano plazo el fracaso del proyecto empresarial. El control de los negocios y el capital deberá delegarse en otro empresario con calificación, que puede ser miembro de la familia o un socio no familiar, si fuese necesario.

Diferencias entre el empresario y el inversionista

Aunque, de acuerdo con lo descrito anteriormente, podríamos afirmar que hay diferencias de criterios muy marcadas entre el «empresario» y el «inversionista», también podemos asegurar que un reconocido inversionista alguna vez fue un empresario, o bien que un inversionista, por la necesidad de salvar su capital o interesado en ejercer el control, se convierte en empresario, es decir, toma las riendas del negocio, su dirección y operación; pero en cualquiera de los casos, ambos roles deberán separarse, nunca podría actuar como inversionista y empresario a la vez, ya que hay patrones de personalidad y conducta que marcan diferencias importantes (ver nota) y que podrían ser las causas del éxito o el fracaso en cualquiera de los dos roles que se asuma.

A partir de las experiencias transitadas y de muchos casos observados, puedo concluir que las diferencias más notables entre un inversionista y un empresario son las siguientes:

El inversionista	El empresario
El dinero es el resultado de su gestión.	El dinero es el medio para realizar su gestión.
No cuenta con ningún capital humano; él solo es la persona más importante de su negocio.	Su principal inversión es lograr aglutinar un buen capital humano.
No está en el día a día de su negocio.	Es la persona que vela a toda hora por el buen funcionamiento de los negocios.
Solo está pendiente de la renta y que el rendimiento sea bueno.	Está pendiente de la productividad y de la calidad.
Tiene personalidad rentista y capitalista.	Tiene personalidad productora, creadora e innovadora.
No agrega valor al producto.	Todo su producto tiene valor agregado.

El inversionista y la personalidad rentista

Muchas veces los inversionistas siguen un patrón de decisión en el que predomina la subjetividad, esto es porque aun cuando los resultados obtenidos algunas veces sean menos óptimos siempre serán favorables a sus objetivos de inversionista, que es ganar dinero de la renta de su capital, y es por esto que califico al inversionista como una «personalidad rentista». Si nos abocamos inicialmente al análisis de estas dos palabras, podemos obtener una definición objetiva de la frase «personalidad rentista». La definición de «personalidad» que nos ofrecen varias enciclopedias en línea es realmente interesante; personalidad: «Patrón de actitudes, pensamientos, sentimientos y repertorio conductual que caracteriza a una persona y que tiene una cierta persistencia y estabilidad a lo largo de su vida, de modo tal que las manifestaciones de ese patrón en las diferentes situaciones poseen algún grado de predictibilidad», y el término «rentista»: «Persona que vive de sus rentas o de los ingresos que le producen las rentas de sus inversiones».

Por lo que «una personalidad rentista es aquella que tiene el criterio de que no les interesa cómo se hace el dinero, solo les interesa el dinero como tal».

¡Cuidado con la personalidad rentista!

Aunque reitero que el inversionista es necesario en el desarrollo del sector empresarial, considero que el crecimiento en nuestros países latinoamericanos del sector que únicamente vive de las rentas de capital es sumamente peligroso y delicado para la economía. Si hacemos un breve análisis de nuestro entorno, muchas personas del mismo tienen o esperan tener un bien capital, bien sea un apartamento, local comercial o industrial (galpón o bodega), que puedan alquilar y que, sin tener que realizar mucho esfuerzo de trabajo, les garantice un dinero —renta— con el cual puedan vivir sin mucha dificultad y sin los problemas de tener una empresa y lidiar día a día con la producción, productividad y calidad. Además, en los países con factores inflacionarios estas personas —que son muchas— sacan provecho afectando a las economías al indexar sus ingresos obtenidos de las rentas, a lo que añaden la recapitalización de sus bienes, lo que trae como consecuencia los aumentos de las rentas por el inefable factor del «interés esperado sobre el capital». Esto sin tomar en cuenta que en las economías inflacionarias se pueden ver profundamente afectados porque es probable que no haya quien rente bienes a costos por sobre los factores de capitalización reales.

Como se indicó al comienzo de este capítulo, es importante hacer énfasis en que si no existe un sector empresarial, dígase empresarios, empresas y sus empleados que puedan rentar los bienes de los inversionistas, los mismos no tendrán negocio, por lo que el empresario será el factor necesario de la economía para que pueda haber crecimiento y desarrollo.

El sector financiero y el empresario

Aprovechando la oportunidad de estudio del inversionista-capitalista, hacemos un análisis desde el enfoque de la necesidad de capital, y el rol del capitalista-inversionista como uno de los principales colaboradores en el desarrollo de la empresa; no obstante esto, a muchos empresarios no les gusta recurrir al financiamiento para las inversiones y operaciones de su empresa, pero es necesario reconocer que cuando no se tiene capital al empresario se le presenta un dilema: «No hago el negocio porque no cuento con el capital, o me endeudo y tomo el préstamo bancario y lo hago». No hay nada difícil en tomar esta decisión, pues el costo del dinero —intereses— formará parte del costo del negocio; quizás baje la rentabilidad del negocio puntual, pero este se realizó. En muchos casos será imprescindible y necesario hacerlo, ya que en caso contrario puede que no logre el crecimiento y desarrollo de su empresa. Por lo general, esto se debe a que no quiere aceptar el reto de una negociación que rebase su capacidad de financiamiento propio, pero si no es así no superará una de las fases importantes de su empresa, que es la de lograr las suficientes referencias que le permitan tener músculo financiero —alta capacidad de financiamiento— para acometer otras importantes negociaciones (ver nota) que superen los factores de riesgo del financiamiento propio. Otro punto a reseñar es que en el ámbito bancario y financiero solo se conoce y se hace referencia a las personas naturales o jurídicas por su capacidad de endeudamiento y su responsabilidad para honrar sus compromisos monetarios.

Cuando el empresario se convence de la necesidad de acudir al financiamiento externo debe tener cuidado en la selección del proveedor del capital y sus condiciones, porque dentro de los medios más asequibles hay extremos que igualmente podrían tener las mismas consecuencias que el no haber tomado el financiamiento. A continuación defino los tipos de financiamiento desde el punto de vista de los requerimientos exigidos, costos del dinero y riesgos del pago fallido de los compromisos asumidos, no sin antes advertir «Que siempre el capital más blando (ver nota) será el capital propiamente aportado procedente de ahorros o ventas de bienes propios del empresario». Los capitales necesarios para el financiamiento de una empresa pueden provenir de:

Nuevos socios de la empresa o del negocio puntual

Es un capital que tiene menos exigibilidad de pago que otros, aunque siempre tendrá un porcentaje de interés sobre el capital probablemente más alto que el normal de otras modalidades, ya que será porcentual a la participación otorgada. El socio aportarte debe conocer los riesgos a los cuales está sometido el negocio para que tenga éxito y obtener los beneficios esperados, pero también asume los riesgos de que por factores imprevistos la rentabilidad sea menor a la pautada. En todo caso, siempre se deberá hacer un convenio para la participación en la negociación o un contrato de compra-venta de las acciones de la empresa con sus respectivas cláusulas y condiciones. Este financiamiento puede utilizarse para inversión —comprar bienes de capital para el desarrollo de la empresa— y/o para capital de trabajo, en especial para negociaciones puntuales generadas por dichas participaciones.

Financiamiento blando proveniente de sector gubernamental

Este tipo de financiamiento se denomina blando porque tiene largos plazos de pago —normalmente de 3 a 5 años u otros periodos más largos— y los intereses sobre el capital son muchos más bajos que los del financiamiento bancario. Son otorgados por instituciones oficiales o bancos estatales como mecanismos para promover el desarrollo empresarial y estimular el crecimiento de la economía. En este tipo de financiamiento siempre exigen garantías colaterales de los propietarios de las empresas, aunque son menos exigentes que las del sector privado, pero igual es necesario presentar respaldos suficientes que garanticen el pago del capital recibido. En muchas ocasiones las exigencias se limitan a la firma de una garantía por parte del empresario, siempre y cuando pueda cubrir los montos otorgados. Este financiamiento debe utilizarse preferiblemente para inversión (comprar bienes de capital para el desarrollo de la empresa).

Por lo general, las empresas financieras o compañías de seguros exigen una garantía o contragarantía de parte de los accionistas de la empresa o de terceros involucrados; en estos casos, esas garantías son solamente un compromiso de aval del crédito que se está solicitando. Para ello, el acreedor y el avalista firman un contrato notariado mediante el cual este último se compromete a pagar en caso de que el deudor —receptor directo del beneficio del financiamiento— no llegase a cumplir con las obligaciones asumidas.

Financiamiento de la Banca privada (Banca de primer o segundo piso)

El financiamiento de la Banca privada es la opción menos blanda de financiamiento de la empresa, la que da mejores referencias de crédito para el crecimiento de la misma —obviamente si los pagos han sido realizados correctamente—; también es la alternativa más asequible, pues siempre estará disponible en nuestro banco o en alguna otra institución dispuesta a financiarnos. En todo caso, habrá que presentar garantías reales que avalen el pago del capital a recibir y es posible que exijan garantías hipotecarias, pero si se han obtenido buenas referencias en la trayectoria de negocios de la empresa es probable que solo exijan la firma de una fianza por parte del empresario. Este financiamiento únicamente podrá utilizarse como capital de trabajo, en especial para la negociación que justificó la solicitud al banco. Se denomina «Banca de primer piso» a aquella a la que normalmente accedemos los empresarios para financiar nuestras operaciones a través de pagarés, cartas de crédito, etc., y «Banca de segundo piso» a la que nos puede servir de garantía para lograr financiamientos destinados a capital de trabajo otorgados por sectores privados o públicos. En todo caso, el comportamiento es igual en ambas bancas porque exigirán los mismos requisitos.

Aunque a veces, por una apremiante necesidad de obtener capital de financiamiento, se accede a contactar a algún prestamista informal —estos nunca están registrados o no tienen permisos legales para ejercer este tipo de negocio—, deseo advertir que es imperioso evitarlos a toda costa, ya que estos prestamistas siempre exigen garantías reales de bienes muebles (vehículos, etc.) o inmuebles, estableciendo unos intereses muy altos que franquean en la usura. Nunca se deberá acceder a este tipo de financiamiento, porque no hay empresa o negocio capaz de producir ese tipo de retorno de capital y, por lo general, al no poder pagar el capital recibido más los intereses, el prestamista tomará forzosamente los bienes otorgados en garantía.

Retorno del capital es el término financiero que indica los plazos en los cuales se recibirá de vuelta el capital invertido, o sea la recuperación completa del dinero empleado en una empresa o negocio puntual. Después de este periodo, de continuar con esa inversión, se obtendrán solo beneficios de dicho capital. Por referencia, el empresario pone un valor a su empresa de acuerdo a esos beneficios, dado que la misma tiene una recuperación del capital invertido en periodos favorables. En las macroeconomías formales y saludables de países desarrollados y con criterios financieros conservadores —sin riesgos que afecten la recuperación del capital—, los lapsos más propicios de retorno del capital pueden estar entre 5 y 8 años, aunque habrá negocios de alto riesgo (puede que se pierda el capital) que aseguran tener un retorno de capital entre 3 y 5 años.

Un punto propicio a favor de los inversionistas

Cuando planificamos la formación de una empresa siempre nos hacemos preguntas como, por ejemplo: ¿Requerirá nuestra empresa de un accionista o socio inversionista?, la cual derivará en otras preguntas secundarias: a. ¿Qué inversionista o socio nos conviene como apoyo en un proyecto empresarial o en un negocio puntual?, y b. ¿Por qué será necesario investigar el perfil de los inversionistas que se nos presenten?, y luego convencernos de que al elegido le endosaremos la responsabilidad del éxito o el fracaso de nuestro proyecto de empresa, y de que si nos equivocamos en su selección la posibilidad de que al final se adueñe de nuestro proyecto y empresa es inevitable.

Buscar un socio inversionista para nuestro proyecto de empresa deberá pasar por el autoconvencimiento de que nuestra real intención es compartir beneficios y no sacar provecho de una persona engañada por nuestros mejores alegatos de formalidad, presentación y responsabilidad. Es decir, que el verdadero propósito original es hacerlo partícipe de las ganancias de nuestro proyecto de empresa o negocio, aunque el capitalista solo sea proveedor de los recursos económicos y no el creador del proyecto.

Dentro de los perfiles más favorables de los inversionistas que nos pueden apoyar en el proyecto de formación o desarrollo de nuestra empresa, tenemos los siguientes: 1. Inversionista ángel; 2. Inversionista de capital de riesgo, y 3. La Bolsa de Valores.

Inversionista ángel

Un inversionista ángel, también llamado inversionista padrino, es un individuo próspero que provee capital para el arranque de una empresa, usualmente a cambio de participación accionaria. Además del capital financiero, aporta sus conocimientos empresariales o profesionales adecuados para el desarrollo de la sociedad en la que invierte. Los inversionistas ángeles invierten sus propios fondos, a diferencia de las entidades de capital de riesgo que administran profesionalmente el dinero de terceros a través de un fondo. Un número cada vez mayor de inversionistas ángeles se está organizando en redes, grupos o clubes de ángeles para compartir esfuerzos y unir sus capitales de inversión.

El capital ángel financia un negocio naciente. Una de las formas más típicas de proveer estos capitales se denomina grupo de las «tres F» (iniciales en inglés de *family, friends, and fools* - familiares, amigos y locos). Por lo general, estos inversionistas proveen capitales superiores a 100.000 dólares —o su equivalente en la moneda local—, que podrían obtenerse de familiares y amigos. Dado que la mayoría de las entidades de capital de riesgo no consideran las inversiones menores a un millón de dólares —o su equivalente en moneda local—, las inversiones ángel son la segunda alternativa más buscada de financiación para el arranque de proyectos de empresas con alto potencial de crecimiento (la primera fuente es el capital propio del emprendedor). Los inversionistas ángel seleccionan sus proyectos de inversión valorando el plan de negocios que les presentan los emprendedores de acuerdo con sus criterios personales de inversión. Las inversiones ángeles enfrentan un riesgo extremadamente alto y, por tanto, requieren un muy alto retorno sobre la inversión y conocer el proyecto de negocios. (Fuente: http://enciclopedia.rodinias.com).

Sociedades de capital de riesgo

El capital de riesgo o capital emprendedor, como es conocido en Hispanoamérica a partir de su traducción del inglés: *venture capital,* es aquel administrado por sociedades legales; se trata de un tipo de operación que facilita capital financiero a empresas en arranque y con elevado potencial y bajo riesgo en su fase de crecimiento. Los fondos de capital riesgo obtienen provecho de este tipo de operaciones al convertirse en propietarios de los activos de las compañías receptoras de sus inversiones, las cuales, por lo general, son empresas que disponen de una nueva tecnología o de un novedoso modelo de negocios dentro de un sector tecnológico, como el de la biotecnología, el de la tecnología de la información o el de la informática (software), etc.

El objetivo es que, con la ayuda del capital de riesgo, la empresa aumente su valor, y una vez madurada la inversión, el capitalista se retira obteniendo un beneficio. El inversor de riesgo busca tomar participación en empresas que pertenezcan a sectores dinámicos de la economía, de los que se espera un crecimiento superior a la media. Una vez que el valor de la empresa se ha incrementado lo suficiente, los fondos de riesgo se retiran del negocio consolidando su rentabilidad. Es importante indicar que el capital de riesgo es uno de los más exigentes entre los capitales blandos, pues el inversionista de riesgo desea recibir ganancias proporcionales al peligro de perder su inversión; por lo tanto, el costo de este dinero será alto —alto porcentaje de participación accionaria en las empresas—, pero si el riesgo lo requiere, siempre invierten montos muy representativos.

Bolsa de Valores

Las bolsas de valores son organizaciones privadas, reguladas, supervisadas y controladas por el Estado, las cuales brindan las facilidades necesarias para que las empresas ofrezcan sus acciones con la finalidad de captar capital para financiar sus desarrollos. Para cotizar sus valores en la Bolsa, las empresas deben primero publicar sus estados financieros (ver nota), puesto que a través de ellos se pueden determinar los indicadores que permiten conocer la situación financiera de las compañías. Las empresas en formación o muy nuevas no pueden acceder a esta forma de obtener capital.

Nota.

Por experiencia sabemos que para la formación de una empresa se deben reunir estos tres factores especiales, pero se han presentado excepciones de emprendedores que, sin salirse de los límites éticos, dentro de economías desastrosas y sin conocimiento previo del tipo de negocio, han formado empresas exitosas que han cambiado los paradigmas de muchos seguidores de los temas de formación de negocios.

Los participantes de la Bolsa son los demandantes de capital: empresas, organismos públicos o privados y otras entidades; los oferentes de capital: ahorradores e inversionistas, y los intermediarios: gestores o brókeres. La negociación de valores en las bolsas se efectúa a través de los miembros de la Bolsa, conocidos usualmente con el nombre de corredores, operadores autorizados de valores, sociedades de corretaje de valores, casas de bolsa, agentes o comisionistas —según la denominación que reciben en cada país—, quienes hacen su labor a cambio de una comisión. En numerosos mercados, otros entes y personas también tienen acceso parcial al mercado bursátil, como se llama al conjunto de actividades de mercado primario y secundario de transacción y colocación de emisiones de valores o acciones de renta variable y renta fija. Hoy día, los sistemas de bolsas de valores funcionan con unos métodos de pronósticos que permiten a las corporaciones y a los inversores prever cómo se comportará el mercado en el futuro y, por ende, tomar buenas decisiones de cartera. Estos sistemas funcionan a base de datos históricos y matemáticos.

Conclusión del capítulo 4

Este capítulo muestra la diferencia entre el empresario y el inversionista-capitalista, la importancia de este último para el éxito de una empresa y las formas de financiamiento a las que normalmente recurre el empresario; también ofrece recomendaciones para su correcto uso y advierte sobre la inconveniencia de utilizar tipos de financiamiento que podrían llevar al fracaso a cualquier empresa.

Capítulo 5

EL OPORTUNISTA

«Aprovechar una oportunidad para hacer algo bueno en lo económico, por nuestra familia o por nosotros mismos, es una gestión inevitable para el ser humano, lo que sí deberá evitarse, en todo caso, es depender de las oportunidades para el desarrollo y la concreción del progreso personal o de la formación y el funcionamiento de una empresa».

Crear un negocio a partir de una oportunidad que se nos presenta eventualmente, como lo indico en la reflexión al inicio del capítulo, es inevitable en el ser humano. Sin embargo, las personas que ven a cada momento oportunidades para obtener beneficios económicos tienen un criterio adverso a la planificación, a la perseverancia y al trabajo constante, porque al final siempre estarán buscando solo otra oportunidad para continuar. En estas personas desaparece el criterio de desarrollo o utilización de cualquier otro método de estabilidad económica, como puede ser un buen empleo o una empresa con factibilidad de desarrollo, convirtiéndose en un oportunista de oficio.

De acuerdo con los textos de referencia, el «oportunismo» es definido en forma general como la habilidad para capitalizar los errores de otros y utilizar oportunidades creadas por las fallas, debilidades o distracciones de los oponentes a favor de uno mismo. Algunas veces el oportunismo es redefinido por hombres de negocios simplemente como la teoría de descubrir y seguir oportunidades; tales hombres de negocios están motivados por su idea de que no puede haber nada «malo» en capitalizar tales oportunidades. Como un estilo de comportamiento humano, el oportunismo tiene la connotación de una falta de integridad. La idea subyacente es que el precio de la búsqueda desenfrenada de muchas oportunidades es la incongruencia del comportamiento normal, es decir, es imposible ser egoísta y continuar siendo coherente al mismo tiempo. Por lo tanto, el oportunismo consiste en comprometer en parte o completamente un principio, generalmente respetado —honestidad, ética, etc.—; sin embargo, el límite entre el «legítimo interés propio» y «el egoísmo no deseable» puede ser difícil de determinar, ya que puede depender de un punto de vista o de una posición en la vida. Una postura oportunista puede ser valorada por algunas personas positivamente como una opción legítima o como el mal menor. (Para algunos de los conceptos descritos fueron utilizadas como referencia las enciclopedias libres en línea: www.es.wikipedia.org, www.enciclopedia.us.es, www.bidi.uam.mx, bibliotecavirtual.dgb.umich.mx, entre las más importantes).

Es indiscutible que el oportunismo compromete la ética de quien lo práctica, aunque debemos reconocer que aprovechar una oportunidad para lograr algo favorable no tiene connotaciones adversas, siempre y cuando no afecte a otras personas. Lo que sí debemos evitar es convertir las oportunidades en el fundamento de nuestro desarrollo personal o empresarial. Esto es similar al caso del ludópata, siempre pensando que en la próxima oportunidad ganará el juego.

Un negocio que se establezca con base en oportunidades nunca podrá ser proyectado, ni tener una estrategia de negocios que se fundamente en la planificación, la producción, la productividad y la calidad. Las empresas deben establecerse de acuerdo con un plan de crecimiento bien concebido, sobre productos de manufactura, servicios o comercio, donde sus directivos siempre tengan el control para venderles a sus clientes potenciales. Para realizar las ventas a su mercado, los propietarios de una empresa nunca deberán depender de improvisaciones ni de oportunidades que no puedan controlar. Los accionistas o propietarios de las empresas hacen planes de mercadeo que les permiten identificar y contactar a sus clientes potenciales para ofrecerles sus productos, sin depender de ningún otro factor, y cualquier situación adversa que afecte estos principios de mercadeo debe tener una respuesta planificada que los elimine o neutralice, y así continuar con los planes iniciales de producción y venta.

Un ejemplo de empresas que se fundamentan riesgosa y constantemente en oportunidades son aquellas de índole nacional e internacional dirigidas exclusivamente a atender la necesidad que tienen sus coterráneos u otras personas inmigrantes que trabajan en el extranjero de enviar dinero a sus familias en su país de origen. Como este tipo de negocio existen muchos otros, los cuales nunca podrán denominarse empresas puesto que, en lo que cesen las condiciones que lo hicieron posible, sus propietarios no tendrán más alternativa que admitir el fracaso y cerrar. Esas personas, inevitablemente, arrancarán otro negocio que les permita explotar nuevas oportunidades. Necesariamente hay que pensar que en una empresa el control de la venta a un mercado determinado depende de las acciones y estrategias de sus propietarios, y serán ellos los responsables del éxito o el fracaso de la gestión. Una oportunidad no se puede planificar; de una oportunidad no se puede hacer un plan de negocios y no se tiene ningún tipo de control sobre el mercado —clientes potenciales— que aparece con una oportunidad.

Lo realmente preocupante es que, en algunos países, la gente se vuelve adicta al oportunismo y comete tantos errores que hay muchos otros esperando para aprovecharse de esos fallos. Estos aprovechadores se encuentran en todos los estratos económicos y culturales, y por lo general afectan a los más humildes representantes de la población (ver nota). El oportunismo también es sinónimo de flojera, incompetencia e ignorancia; en un país de oportunistas la gente se degrada día a día, y pierde el criterio de competencia, productividad, eficiencia y valores éticos.

¿Es Venezuela un país de «oportunistas»?

Deseo aclarar que mi intención de analizar la economía de mi país en este marco no es la de criticar o de exponerla al escarnio público, pero sí es la de revelar y tratar de contribuir a enderezar las distorsiones de nuestra economía, en la cual los privilegiados oportunistas sacan provecho a costas de la gente humilde.

Un país que depende de una economía de explotación petrolera, así sea manejada con alta tecnología, personal altamente profesional y empresas muy organizadas, siempre caerá en las tentaciones del «oportunismo», porque para este tipo de explotación solo se dependerá de las oportunidades de encontrar abundantes pozos petroleros, contar con buenos precios en el mercado internacional y que los costos de producción estén dentro de los márgenes que permitan beneficios, único factor que podría estar bajo el control de las empresas productoras.

La economía internacional de bienes transables de un país no debe depender casi exclusivamente del petróleo o de la minería, y los beneficios que generan estas actividades se deben aprovechar (ver nota) para el desarrollo de industrias que agregan mayor valor al producto, que requieran de planificación, producción, productividad y calidad, cuya gestión sea controlada completamente por sus propietarios, y con mercados que no se muevan al ritmo de las oportunidades, sino de la fuerza de la agresividad de los programas del mercadeo y la comercialización. Esto lo han logrado otros países que, al principio, soportaron sus economías en la minería o en el petróleo y hoy están muy bien encaminados hacia un desarrollo prometedor.

Nota.
A esto se refería el ilustre venezolano, doctor Arturo Uslar Pietri, en su conocida y difundida, pero hoy olvidada, expresión «Sembrar el petróleo».

En lo personal, comparo las actividades petrolera y minera con la explotación pesquera, cuya planificación no se fundamenta en la producción, modificación o innovación de bienes y servicios, sino en que hay que salir a buscar y si consigues triunfas; en caso contrario, buscas en otro lugar o fracasas.

Bastaría solo con mencionar algunos pocos ejemplos para demostrar que en Venezuela han florecido innumerables negocios bajo la degradada sombra del oportunismo, y es que los hay de todo tipo, hasta aquellos que rayan en lo ilegal. Entre los más contemporáneos y conocidos tenemos:

- Los realizados con la compra de los cupos asignados a las personas que viajan bajo el régimen del control cambiario de divisas.

- Los realizados a partir de la compra y reventa de productos de primera necesidad.

• Los realizados con la venta de cupos de trabajo en las empresas públicas o privadas.

• Los realizados para la consecución de contratos.

• Los realizados para conseguir y adquirir un vehículo nuevo de agencia.

• Los realizados en las poblaciones pequeñas del interior del país con las personas necesitadas de dinero en efectivo por aquellos que disponen de puntos de venta o que cambian cheques, recibiendo beneficios porcentuales por el dinero que entregan.

Lo cierto es que enumerarlos y describirlos con detalles no los hará desaparecer, porque en realidad estos no surgen por la simple oportunidad puntual que entraña ese tipo de negocios, sino que tienen su origen en un solo factor de la economía, que es la subvaloración de los bienes causada por los malos manejos de la macroeconomía, que no son más que el producto de los exacerbados controles y la falta de un desarrollo industrial, fomentado por los gobiernos y manejado por verdaderos empresarios, que pueda servir de base para desarrollar otras áreas de la economía.

Respondiendo a la pregunta del título: ¿Es Venezuela un país de «oportunistas»?, podemos decir que la llamada «viveza criolla» es un eufemismo de la aplicación del oportunismo, la falta de una educación que nos haga competitivos, y apegados a la calidad y a la eficiencia, y por último, una economía distorsionada, donde un litro de agua potable embotellada cuesta 1.000% más que un litro de gasolina, hacen, para nuestra desgracia, que seamos un país de oportunistas.

¿Una empresa exitosa podría nacer de una oportunidad?

La oportunidad puede ser también el inicio de una empresa; por tanto, como punto de factibilidad para la formación de una pequeña o mediana empresa se pueden analizar sus beneficios, pero en ese análisis y en los planes que se definan para la gestión de negocios la oportunidad solo será el razonamiento para fijar parte de la misión de la empresa, pero nunca de los enunciados que fijan la visión de la empresa.

Como en todo método de planificación, en la formación de una empresa, aunque parezca romántico o más espiritual que práctico, se deben crear parámetros para el logro de los objetivos planteados, cuyos principales enunciados son la «visión» y la «misión». La visión es el objetivo principal para el cual se crea la empresa, y podría referirse a: «Ser la empresa líder en su área, con el mejor equipo técnico-tecnológico en las áreas de...», y la «misión» es el cómo, la ruta para lograr la visión, que a efectos de la visión descrita podría ser: «... cumpliendo con los más altos requisitos de calidad y con la selección de un equipo humano con altos estándares de conocimiento, méritos y competencia en las áreas de su competencia».

En la actualidad económica de un país existen muchas empresas exitosas nacidas de oportunidades puntuales que, luego de superar el periodo de emprendimiento, se han convertido en organizaciones maduras que no han dependido de otras oportunidades, y cuyo éxito de gestión se fundamenta en la aplicación de planes de negocios bien concebidos que solo obedecen a las estrategias de sus propietarios y gerentes. Entre ellas podemos mencionar algunas de las que han tenido más connotación en los mercados nacionales e internacionales: Microsoft, que nació de la oportunidad de llenar un espacio en los ámbitos de tecnología del ordenamiento y procesamiento de datos personales; Fedex, creada de la necesidad de una rápida transportación de paquetes de índole personal entre ciudades y países distantes; eBay, fundada por la necesidad que tenían muchas personas y/o pequeños negocios de vender sus productos nuevos o usados de forma detallada y con métodos de pago que sustituirían a los convencionales; también la tienda *online* Amazon nació de la oportunidad de brindar al cliente una amplia gama de productos sin necesidad de moverse de su residencia u oficina.

Hay una cantidad considerable de empresas actualmente maduras y exitosas que han sido creadas de una oportunidad, pero no han continuado su camino hacia el éxito fundamentándose en oportunidades, solo las han llevado a su éxito la constancia, estrategia y responsabilidad de sus líderes empresarios. Actualmente las oportunidades de negocios las crean y controlan esas empresas exitosas.

Conclusión del capítulo 5

Como se indicó en la reflexión inicial: «Aprovechar una oportunidad para hacer algo bueno en lo económico, por nuestra familia o para nosotros mismos, es una gestión inevitable para el ser humano, lo que sí deberá evitarse, en todo caso, es depender de las oportunidades para el desarrollo y la concreción del progreso personal o de la formación y el funcionamiento de una empresa». Este capítulo muestra que una cantidad notable de empresas maduras y actualmente exitosas fueron creadas por sus emprendedores partiendo de oportunidades, pero posteriormente no han dependido de estas para lograr el éxito. Por el contrario, demostramos que la personalidad del oportunista nunca podría lograr la formación y concreción de una empresa, debido a su naturaleza individualista, y que, por lo general, el oportunismo no permite ser planificado, ordenado y responsable, que son algunos de los más importantes preceptos de un empresario.

Capítulo **6**

LA RIQUEZA

«Las personas se fijan como el objetivo de sus vidas
"el dinero", y por él hacen su plan y establecen sus
estrategias. ¡Hay que buscarlo como único objetivo!
Pero se olvidan de que una vida con salud, alegría
y felicidad, una profesión realizada, una familia
feliz y con mucha seguridad son los verdaderos
objetivos; esto realmente es la riqueza, el dinero
solo es el medio para lograrla».

Según la mayor parte de los diccionarios, la riqueza «es el control y posesión en abundancia de recursos evaluables, valorables o posesiones materiales», aunque otros la describen como «la ausencia de pobreza material». Pero en el sentido más real del concepto, «es una percepción que nos indica que nuestras necesidades han disminuido significativamente», o bien «que han desaparecido como eje del sentido de lo que hacemos en el mundo». Asimismo, la riqueza representa un incremento de la conciencia de lo que verdaderamente somos; significa abandonar el paradigma de la escasez para ingresar al estado de abundancia. (El último párrafo fue tomado de la página www.economica48.com, de autor anónimo).

La riqueza es un término relativo, pues para un empresario propietario de una mediana empresa, que tiene su situación económica y financiera estabilizada y, en crecimiento y que, por tanto, percibe que la sensación de insolvencia, escasez y necesidad ya no existe, no significa lo mismo que para un empresario presidente ejecutivo de una gran empresa que cotiza en la Bolsa. Para este último el poder es su mayor riqueza; él sabe que con el poder puede solucionar mucho más que los problemas de insolvencia financiera. Puede ser que el primer empresario llegue a ser como el segundo, pero en términos de sus objetivos nunca serán iguales.

A diferencia de lo expresado en algunos párrafos del libro sobre la creación y conservación de «la riqueza», que es en todo cierto y correcto, dedicaremos este capítulo a explicar el criterio no materialista de la riqueza —no desde el punto de vista objetivo y material—, y a repasar su carácter más subjetivo, sentimental y romántico, propósito ante el que muchos se preguntarán: ¿Cómo es eso?

Para iniciar la explicación y reflexionar un poco hemos elegido algunos proverbios famosos sobre la riqueza. (Fuente: http://www.proverbia.net):

- «La riqueza consiste mucho más en el disfrute que en la posesión». Aristóteles (384-322 a.C.). Filósofo griego.

- «Es locura manifiesta vivir precariamente para poder morir rico». Juvenal (67-127). Poeta satírico romano.

- «El que no considera lo que tiene como la riqueza más grande, es desdichado, aunque sea dueño del mundo». Epicuro de Samos (341-270 a.C.). Filósofo griego.

- «La riqueza es como el agua salada; cuanto más se bebe, más sed da». Arthur Schopenhauer (1788-1860). Filósofo alemán.

- «Al poseedor de las riquezas no le hace dichoso el tenerlas, sino el gastarlas, y no el gastarlas como quiera, sino el saberlas gastar». Miguel de Cervantes (1547-1616). Escritor español.

- «Las personas afortunadas se corrigen poco, creen tener siempre la razón, mientras la fortuna sostiene su mala conducta». François de La Rochefoucauld (1613-1680). Escritor francés.

- «El más rico de todos los hombres es el ahorrativo; el más pobre, el avaro». Chamfort (1741-1794). Académico francés.

- «El más rico es aquel cuyos placeres son los más baratos». Henry David Thoreau (1817-1862). Escritor, poeta y pensador estadounidense.

- «No es verdad que se haya hecho fortuna cuando no se sabe disfrutar de ella». Marqués de Vauvenargues (1715-1747). Moralista francés.

- «Hay personas que tienen dinero y personas que son ricas», Gabrielle «Coco» Chanel (1883-1971). Diseñadora de modas francesa.

Si hacemos un análisis reflexivo y sensato de cada uno de estos proverbios —y vale indicar que sus autores son de épocas, culturas y estatus muy variados— observaremos que todos separan la opulencia del dinero de la riqueza; todos atinan a que la riqueza es el disfrute y no el tener, es la felicidad y no la preocupación, es el conocimiento y no el poder, es el liderazgo y no la imposición del dinero. Sabemos que, aunque el poder que da el dinero hace muchos milagros, las personas que aplican este criterio son altamente inseguras y preocupadas de que algún día llegue el final de sus reinados, por lo que tratarán de hacer lo posible por mantener ese estatus. En cambio, aquellos que tienen la riqueza de tener felicidad, conocimiento y liderazgo no albergan esas preocupaciones; solo hay que seguir haciéndolo bien e igual a como lo han hecho siempre, porque para estas personas el dinero y el poder no son su fin. Su fin es lograr tener la calificación de ser un verdadero empresario, un profesional dedicado o un excelente deportista; lo demás llega por añadidura.

En lo personal, no vinculo la riqueza con el dinero, sí con el éxito y la realización personal y, por extensión, el éxito empresarial con el personal, porque en todo caso es y será «el empresario» como individuo quien desempeñará el rol principal en la creación de riqueza. En adelante, deseo describir al individuo y su manejo correcto del dinero como el factor primordial para el éxito de la empresa, y la riqueza será el destino de quienes lo logren. Aclaramos que la riqueza no es una consecuencia corporativa —eso no existe—; es estrictamente personal. No hay empresas con riquezas, hay empresarios accionistas o dueños de empresas exitosas con riqueza, por lo que hay que verla como un logro personal, individual. Por tanto, no incumbe a lo corporativo o a la empresa, y aquí llegamos al punto más cercano al cenit del análisis. Asimismo, consideramos que la *calidad de vida* es lo que marca la diferencia entre una persona exitosa o empresario exitoso y el fracaso inminente que supone haber seleccionado el camino equivocado, el camino del conformismo o del oportunismo.

Calidad de vida

Numerosas personas relacionan una buena calidad o un buen estándar de vida con disponibilidad de recursos económicos, tener una vivienda propia o un vehículo último modelo, pero no hay nada más errado. Aunque muchos han opinado en términos económicos de la buena calidad de vida de las personas, son pocos los que tratan el tema con profundidad y desde los puntos de vista sociológico y psicológico, que son los verdaderos enfoques desde los cuales debemos conocerla debido a las realidades actuales de nuestros países.

Definición de «buena calidad de vida»

En una definición muy general, «buena calidad de vida» es disfrutar de seguridad económica, jurídica, social, personal y, sobre todo, de tranquilidad espiritual. Sin embargo, esta forma de definirla no es exclusivamente individual, porque en muchas oportunidades tales factores no son controlados por las personas, pues están involucrados elementos que atañen a las buenas políticas sociales y económicas del país donde se reside, al cumplimiento de sus leyes, y principalmente a la responsabilidad social y fiscal de las sociedades y sus individuos. Esta definición es un concepto absoluto, y solo se plantea en países en los cuales sus ciudadanos tienen una clara visión de que es errado el paradigma según el cual con solo tener seguridad económica automáticamente alcanzan las otras (jurídica, social, personal y espiritual). La realidad es que buena calidad de vida es y será una situación relativa a cada persona, su grupo familiar y el entorno donde se desenvuelve.

Nos hacemos la siguiente pregunta: ¿Es posible tener buena calidad de vida en países cuyos gobiernos, leyes, sociedades o individuos no cumplen con los preceptos anteriores? La respuesta es clara y contundente: «Sí»; no obstante, lograrla será una labor que no solo involucra lo material, sino que será preciso hacer especial énfasis en lo social y en lo espiritual, y sobre todo en las expectativas de buena calidad de vida que tenemos.

Expectativas de buena calidad de vida

Para conocer sobre expectativas de buena calidad de vida, primero que nada presentaré unos ejemplos a manera de preguntas:

a. ¿Tiene buena calidad de vida el pequeño productor del campo que vive en una modesta finca de su propiedad con sus cuatro hijos, que estudian en la escuela y en el liceo de la población más cercana a su finca y que, aunque con mucho esfuerzo, logra año tras año colocar toda su cosecha en el mercado local y llenar las necesidades básicas de su familia; todo esto a pesar de lo adverso del clima, los problemas de las vías de comunicación y las políticas económicas del gobierno de su país, que ha decidido la importación abierta de los mismos rubros agrícolas que él, como muchos otros pequeños productores del campo, cultivan?

b. ¿Tiene buena calidad de vida el acaudalado empresario que vive en una lujosa urbanización de la ciudad, que posee una embarcación propia envidiable y acciones en varios clubes sociales, donde departe semanalmente con sus amigos, pero que, sin embargo, uno de sus hijos está comprometido con el consumo de drogas, tiene en su empresa varios juicios por problemas laborales con sus trabajadores, siempre está desconfiando de todos porque piensa que lo estafarán y debe tener extrema cautela en lo que respecta a su seguridad porque decidió comprarse un vehículo lujoso y teme que se lo puedan robar?

c. ¿Tiene buena calidad de vida el joven médico, quien, a pesar de que no le pagan regularmente sus salarios y de que este no es justo, vive con su familia en un modesto apartamento alquilado, tiene un pequeño vehículo en buen estado, pero siente especial placer en atender a sus pacientes, tiene una visión clara de la especialización que desea hacer y siempre está pensando en poder ayudar a la gente?

d. ¿Tiene buena calidad de vida el trabajador informal de la electricidad, que diariamente debe luchar para conseguir que algún condominio lo contrate para una instalación y que, al lograrlo, realiza su trabajo dentro de los costos previstos, obtiene una buena ganancia que le permite mantener a su familia y tener a sus dos hijas en una escuela privada, donde les garantizan una educación continuada; que siempre se mantiene estimulado a continuar trabajando para que sus hijas lleguen a la universidad y se realicen como buenas profesionales?

La respuesta desde cualquier enfoque es que la mejor calidad de vida la tendrá aquel que tenga mayor tranquilidad espiritual. Aun cuando el factor económico es importante, se trata de un aspecto puntual que solo se convertirá en regular y sostenido en el tiempo si existen la tranquilidad y la paz que permitan un buen desenvolvimiento en lo profesional y comercial. Aunque algunos tienen —o aparentan tener— muchos bienes de fortuna, esto no necesariamente se traduce en una buena calidad de vida. Únicamente quienes tienen tranquilidad, que logran conciliar el sueño nocturno sin necesidad de un trago o de algún somnífero —posiblemente de puro cansancio por el trabajo diario—, que tienen una buena razón para seguir luchando, que pueden garantizar paz y sosiego a su grupo íntimo, y que luchando al lado de otros muchos están construyendo una sociedad con mayor responsabilidad, son los que al final logran la mejor calidad de vida.

Es importante recalcar que, para garantizar esa paz y tranquilidad espiritual, habrá que organizar una economía personal y familiar que ayude a cubrir nuestras necesidades básicas y que nos permita el suficiente ahorro para el crecimiento y realización futura, que nos conduzca a la meta fijada; este proceso de ahorro —que la persona sabrá cómo hacerlo, conservando el valor de su capital— y el control sobre sus gastos lo pondrá en camino hacia la riqueza.

Organización básica de la economía personal para lograr una buena calidad de vida

La sana organización económica y administrativa en lo personal y familiar es un principio básico para la creación de riqueza por parte del empresario, que repercute en el ámbito empresarial y funciona sanamente con tres partidas básicas que por ninguna razón pueden ser obviadas. Tales partidas tendrán que analizarse, fijar sus límites máximos y mínimos, y su cumplimiento deberá ser respetado sin excepciones. Estas son: ingresos, egresos e inversión.

Los ingresos

Son aquellos recursos económicos que, de manera regular, recibimos por concepto de salarios, rentas —de inversiones—, ventas, intereses —de capitales— o beneficios de nuestra empresa, si aplicase. Decimos que de manera regular puesto que elaborar cualquier planificación económica solo es posible sobre la base de los recursos económicos que recibimos regularmente. Es importante indicar que cualquier ingreso extraordinario —como la venta de un activo, una herencia, etc.— no deberá ser tomado como ingreso regular; lo más conveniente es colocarlo en el banco y luego evaluar el destino que se le dará, posiblemente como una inversión que produzca una renta o unos intereses, como parte de un plan para obtener mayores ingresos regulares.

Los egresos

Son los recursos económicos que pagamos por la renta del alquiler o la cuota de la hipoteca, los suministros y los servicios regulares que recibimos. También los impuestos son considerados egresos regulares. Los egresos son considerados gastos corrientes porque constituyen aquellos recursos económicos que tienen aplicación sobre lo cotidiano, en el ámbito personal, y en lo operativo, en el ámbito empresarial.

La inversión

Está representada por los recursos económicos excedentarios, que son utilizados para la adquisición de bienes muebles e inmuebles, y que sirven como fundamento a la vida cotidiana y su comodidad; también permiten la operatividad de las empresas y pueden producir ingresos regulares. En lo personal o familiar está constituida por el mobiliario, los vehículos y la vivienda —si es propia—, y en lo empresarial, por el local o la bodega —si son propios—, herramientas, maquinarias, mobiliario de oficina, plataformas de informática, vehículos de trabajo, etc.

La regla básica de la economía personal y empresarial es que los ingresos siempre deberán ser mayores a los egresos, lo que nos garantizará una cantidad de recursos sobrantes o excedentes que podemos ahorrar para invertir en bienes que nos ayuden a producir más ingresos y mejorar así nuestra forma de vivir. No se habla de mejorar la calidad de vida, pues esta será producto del cumplimiento de los factores indicados en los párrafos anteriores.

En términos de economía, el punto del nivel financiero en el que los ingresos son menores que los egresos se llama nivel de endeudamiento, ya que en este punto se comienza a deber a alguna persona —amigo o prestamista— o banco —tarjetas de crédito— lo que se gasta.

El desequilibrio financiero

La violación de la norma básica de gastar más de lo que se gana es, en general, el motivo por el cual muchas personas o empresarios están sumidos en preocupaciones, depresiones, crisis nerviosas, falta de desarrollo y de realización en los ámbitos personal, profesional y empresarial. Estas situaciones no solo coartan la posibilidad de lograr una mejor calidad de vida, sino que pueden malograr el ambiente familiar de forma irreversible, afectando la atención en nuestro objetivo principal. No violar esta norma básica se ha convertido en el requisito más imprescindible para lograr el crecimiento económico, tanto en lo personal como en lo empresarial. Aquí describimos las recomendaciones para lograrlo:

Reducir los egresos

Es lógico pensar que cuando los recursos económicos —dinero— que recibimos como ingresos y los que tenemos guardados o en el banco se nos agotan, no podremos hacer más gastos porque financieramente hablando tendríamos un balance cero, pues al no disponer de ingresos no hay egresos. Sin embargo, al tener necesidades no cubiertas por los ingresos muchos recurrimos a los mecanismos de crédito que nos permiten gastar más allá del dinero que tenemos —tarjetas de crédito, prestamistas, empeño—, pero si no hacemos los apartados en los futuros ingresos para pagar esas deudas entraremos en mora —demora financiera por falta de pago—, las deudas comenzarán a incrementarse por los intereses y, al no poder cancelarlas, cada día se incrementarán y se harán impagables. Entonces vienen los embargos, los litigios, la ejecución de hipotecas y, por ende, las consecuencias en lo personal y familiar de estas desagradables medidas.

Por lo general, muchas personas utilizan el sano criterio de no incurrir en gastos innecesarios cuando no se cuenta o no se piensa contar de forma segura con los recursos económicos para cancelar las deudas. Es obvio que este criterio implica una aptitud muy madura —e inclusive algunos sacrificios de las personas que tienen que adoptarlo—, pero si aprendemos a hacer un presupuesto acorde con la expectativa de calidad de vida que deseamos tener y fijamos prioridades en los egresos —gastos—, seguramente se logrará mantener un equilibrio financiero que nos aleje de las preocupaciones. Sabemos, no obstante, que por más que logremos mantener un buen equilibrio financiero durante un periodo, la inflación —el mal de algunas economías de nuestros países latinoamericanos—, nos mantendrá ejercitándonos, día a día, mes a mes, para seguir compensando el desequilibrio causado por el aumento de los egresos que necesitamos realizar para mantener las expectativas de vida que nos hemos trazado.

Entonces, para compensar ese desequilibrio y no pasar o bajar a niveles de endeudamiento, debemos recurrir a nuestra segunda fase que es la de aumentar los ingresos.

Aumentar los ingresos
Los ingresos, como lo indicamos anteriormente, son aquellos recursos económicos que recibimos de forma continua y sostenida, y sobre los cuales elaboramos nuestro presupuesto de egresos. Ahora bien, si estos ingresos son siempre fijos, si dependemos de un salario que no se indexa —se ajusta de acuerdo a la inflación—, siempre tendremos un problema de déficit financiero; esto significa que los ingresos nunca al-

canzarán para cubrir los egresos, aunque hagamos los ajustes necesarios. La fórmula ideal sería aumentar los ingresos personales o familiares, por vía extraordinaria pero sostenida. Creemos que la manera más idónea para lograrlo es compartir el ingreso familiar, es decir que no sea únicamente el jefe o la jefa de la casa quien provea los ingresos familiares, sino que sean proporcionados por dos o más personas en el seno de la familia. De esta forma se podría solventar el desequilibrio producido por la inflación. Aumentar los ingresos por la vía puntual no solucionará los problemas, aunque se trate de montos elevados; solo el ingreso extra, sostenido y constante solucionará el déficit financiero.

Crédito para producir

Es errado el criterio que tienen algunas personas y empresarios en cuanto a que solicitar dinero prestado al banco, mediante un pagaré u otro mecanismo crediticio, puede complicarles su salud financiera. El criterio financieramente válido es que se debería solicitar dinero prestado para su uso como capital de trabajo o para llenar los déficits temporales de nuestro flujo de caja cuando necesitamos comprar una mercancía que venderemos o como contratistas realizar las obras a nuestros clientes. Estas actividades nos producirán mejores ingresos y, una vez cobrado el importe total, podremos pagar el crédito y obtener nuestra ganancia. Pero el acceso al financiamiento de los bancos solo se puede lograr si se tienen buenas referencias de créditos comerciales y de tarjetas de crédito —de esta forma, se comienza a obtener una buena referencia que permita acceder al préstamo bancario—; también se puede obtener ofreciendo una fianza o aval hipotecario, como por ejemplo un bien inmueble que se tenga totalmente pagado. Como norma de sanidad financiera, nunca, pero nunca, se deberá solicitar prestado, ni a bancos y menos a prestamistas personales, para cancelar deudas bancarias, comerciales o particulares; lo único recomendable en estos casos es renegociar, con la misma institución bancaria o comercial con la que se mantiene la deuda, un nuevo crédito, con otros plazos e intereses, de acuerdo con los ingresos que permitan pagar el capital prestado más los nuevos intereses.

Mantener buenas referencias crediticias es uno de los más importantes criterios para crecer y desarrollarse económicamente, utilizando el mecanismo del crédito bancario. Jamás se esconda y atienda siempre las llamadas cuando tenga problemas para pagar algún crédito a su institución bancaria, comercial o particular; explique su problema y convenga con su acreedor un arreglo. Recuerde que para las instituciones de crédito es preferible llegar a un acuerdo para recuperar el dinero prestado que a un procedimiento legal de cobranza o embargo. De otra forma, perderá la posibilidad de acceder a cualquier otro crédito en las instituciones financieras o comerciales por un periodo de tres a cinco años.

Los créditos solo deben solicitarse a instituciones legalmente habilitadas, como bancos o entidades de ahorro y préstamo. Es importante insistir en que nunca se deberá solicitar créditos a prestamistas no institucionales, ya que debido a lo caro del dinero que prestan —altos intereses— será casi imposible amortizarlos y se perderá el bien que se entrega como prenda o garantía; tampoco se deberá buscar dinero a través de casas de empeño. En estos casos es preferible vender las prendas.

Pagar las deudas si se obtienen ingresos extras

Algunas personas, cuando tienen ingresos extraordinarios producto de un bono por productividad o por una buena ganancia en una operación comercial, se plantean expectativas en cuanto a qué hacer con esos ingresos extras, e inclusive buscan alternativas de inversión, de colocación en un banco que les ofrezca la mejor tasa de interés o compran divisas internacionales. Pero si se tienen deudas a plazos no vencidos y se obtiene un ingreso extraordinario, lo más sano, financieramente hablando, es cancelar el capital de las deudas y que le deduzcan los intereses incluidos en las cuotas; así se pueden obtener ingresos mayores que con cualquier inversión o colocación, inclusive con menor riesgo.

Cuidado en el manejo de dinero

Obtener mejores ingresos es como una cadena concatenada a la forma en la que se manejan las inversiones. En muchas oportunidades las personas no desean arriesgar sus capitales y, por tanto, no reciben mejores ingresos, mientras que los egresos sí aumentan debido a que siempre resultan afectados por factores que no controlamos quienes los sufrimos, como la inflación o la recesión económica. Hacer inversiones productivas, así sean de pequeña cuantía, será, sin lugar a dudas, uno de los medios para obtener mejores ingresos. Una persona o empresa que recapitalice parte de lo que gana, mejorando o actualizando sus herramientas, equipos y programas de computación, vehículos, mobiliario, etc., verá crecer sus ingresos en la misma medida en que se ha preparado para ser más competitivo. Inclusive, no solo se deben considerar las inversiones en lo material, sino también las inversiones en crecimiento y desarrollo personal, como la capacitación y el adiestramiento en áreas de mayor demanda de trabajo, ya que estos mejorarán de forma notable los ingresos de las personas.

Emprender e innovar como desarrollo personal y/o proceso de recuperación

Una vez que se logren estabilizar los cambios que inevitablemente se tuvieron que hacer para compensar los desequilibrios financieros, será necesario plantearse una nueva ruta hacia la visión —meta— deseada, y para no volver a sufrir de la descompensación económica y profesional que causan los tiempos adversos, que en oportunidades no es causada por entornos desfavorables sino por una mala gestión económica y administrativa de la persona o del empresario, debemos adoptar criterios innovadores que nos conduzcan a nuestra visión. Los métodos para innovar son muy variados y en las distintas culturas se enfocan de formas diferentes; sin embargo, todos tienen el mismo objetivo: lograr la meta de la forma más eficientemente posible. Sugerimos la utilización del método de «mejoramiento continuo», muy parecido al denominado «Kaizen», de origen japonés, que aunque es algo antiguo resulta muy eficaz y vigente para aplicaciones en innovación; también el «ciclo de Deming», que tiene cuatro etapas: *planificar* (establecer los objetivos y los procesos que se aplicarán), *hacer* (implementar esos procesos), *verificar* (auditar los procesos para saber si las cosas se están haciendo bien) y *actuar* (corregir si las cosas no se están haciendo bien o si no están resultando de acuerdo con lo planificado), luego se comienza nuevamente el ciclo. En lo particular, recomiendo los siguientes pasos para emprender cualquier innovación en lo personal o en lo empresarial:

a. Diagnosticar de una manera minuciosa la situación inicial —punto de partida— e identificar con precisión la nueva meta, con la finalidad de que cuando avancemos hacia ella no tomemos un camino erróneo. Esto implica un análisis meticuloso del punto de partida y luego determinar los recursos necesarios. Por ejemplo, podemos plantearnos como meta nuestro desarrollo profesional mediante la realización de un posgrado universitario o una especialización que refuerce nuestros conocimientos y destrezas para el bienestar personal o empresarial. El primer punto sería la selección del instituto o universidad que nos ofrezca las mejores ventajas por su programa, pensum, costos y ubicación, y luego buscar los recursos para lograr mantener sostenidamente el camino hacia esa meta.

b. Evaluar permanentemente nuestra situación en la ruta hacia la meta. Cuando se emprende esa ruta será necesario conocer, dentro de periodos regulares, con qué eficiencia estamos avanzando. La evaluación deberá determinar si estamos utilizando más recursos de los planificados, si actuamos dentro de las pautas de tiempo normales o si el camino adoptado está afectando nuestra vida familiar o social. Si se notaran desviaciones frecuentes en los planes originales, será necesario diagnosticar nuevamente la situación inicial —punto de partida—. En este caso habría que adoptar un cambio de paradigma e innovar en nuestra manera de abordar nuestro camino a la meta.

c. Adoptar sin traumas los cambios de paradigmas. Cambio de paradigma e innovación son sinónimos; el cambio de paradigma implica la modificación de los espacios o filtros de comparación que tenemos en nuestro intelecto, para poder adoptar una nueva forma de acometer nuestro destino. Como ejemplo está el cambio que debe dar un profesional universitario que considera emprender un exitoso negocio de venta de alimentos y dejar a un lado la implementación de los conocimientos obtenidos en su carrera.

d. Una vez realizados los cambios, aunque estos representen una ventaja o beneficio notable, es necesario continuar evaluando de manera constante la situación en la ruta hacia nuestra meta y, si hay que hacer nuevos cambios, asumirlos con las mismas técnicas y métodos explicados. Siempre es recomendable mantener un crecimiento o desarrollo personal sostenido, pero sin incrementos de beneficios exagerados; inclusive, si estos llegan en abundancia, deberán ser ahorrados para posibles tiempos adversos. No se usarán para aumentar el estatus sino se está preparado para mantenerse por un tiempo considerable en la posición alcanzada antes de escalar otra más alta. No cumplir con esta regla puede ocasionar un posible retroceso de estatus, que puede afectar hasta el punto de que la recuperación sea imposible. Muchos de nosotros tenemos ejemplos cercanos de conocidos o amigos que, en cortos periodos, han progresado e inmediatamente se mudan a urbanizaciones de muy alto nivel y compran automóviles de lujo —la muestra más representativa de cambio de estatus—, pero al no poder sostenerse en ese estatus, a mediano plazo los vemos retrocediendo a uno inferior, lo que genera frustración y desgano, y atenta contra la posibilidad de una nueva recuperación. Así se va degradando hasta llegar al primer punto de partida, lo que consume años de vida de las personas y hace cuesta arriba, como lo mencionamos antes, la reconquista de los espacios perdidos.

A continuación hacemos dos recomendaciones para enfrentar las amenazas que, por lo general, frenan la mejora de la nueva situación:

La vanidad y la ostentación son artículos de lujo y desfavorables para estos cambios. En tiempos difíciles, exhibir los bienes de fortuna y otros recursos para hacer alarde del nivel preferencial en que se vive es una práctica altamente peligrosa. Robo, atraco y secuestro suelen ser los delitos que más frecuentemente afectan a las personas ostentosas y vanidosas. Quienes tienen la ventaja de mantener un estatus alto aun en tiempos de problemas económicos y de adversidad social, y que por razones personales —que debemos siempre respetar—, como la vanidad, la ostentación y el orgullo fútil, no son capaces de evitar hacer visible su posición social, deberán tomar altas precauciones, las cuales tienen costos elevados y, si se pueden asumir, hay que implantarlas inmediatamente; algunas de estas precauciones son: mantener personal de seguridad, guardaespaldas, vehículos blindados, etc. Pero, aunque se cuente con recursos económicos, se pueden adoptar actitudes que no lo expongan a usted o a su familia a un encuentro con la delincuencia sin la necesidad de exagerados gastos, inclusive si se viviese con algo de holgura económica y de manera muy modesta. Igualmente, hay maneras de disfrutar de cierto estatus, incluso viviendo en áreas o sectores que no demuestran altos niveles sociales puesto que, como lo mencionamos en capítulos anteriores, una buena calidad de vida no es sinónimo de lujo u ostentación. Solo hace falta ubicarse correctamente enfocado dentro del entorno donde se cohabita y, sin tener necesidad de hacer público lo que se gana, cómo se vive, a dónde se viaja, e imponiéndose un mínimo de prevención y medidas de seguridad, se puede compartir felizmente con la familia, los amigos y la sociedad de su entorno.

Creación de riqueza

La creación de riqueza no representa únicamente tener todas las necesidades básicas y suntuarias satisfechas, sino mantenerlas en el tiempo. Hay factores intrínsecos a las personas y factores externos que siempre apuntan al desgaste de las riquezas, y que en casos extremos hacen que las fortunas se pierdan.

Entre los factores intrínsecos a las personas, que aunque hayan sabido acumular una fortuna pero no han logrado después mantenerlas o hacerlas crecer, están las tentaciones a gastar o invertir desmesuradamente, lo que en muchos de los casos hacen irreversible la pérdida. Entre estas tentaciones están la de tener más poder, la ostentación, la vanidad y la codicia, factores que de algún modo permiten que las personas acumulen inclusive mayor fortuna, pero esto no les proporciona tranquilidad ni felicidad para vivirla; los hace inseguros en cuanto al temor de perderla, comienza la debacle, y las caídas suelen ser muy fuertes. Evitar lo anterior será difícil, pero lo importante es saber que esos factores están ahí para atentar contra la tranquilidad de sentirse afortunado.

También entre los factores externos que pueden hacer que se pierdan las fortunas o gran parte de ellas están los malos manejos de la macroeconomía de un país, y enfrentar esto requiere de mayores estrategias financieras para diversificar los capitales (si aplicase) y evitar que solo dependan de la economía de uno u otro país.

Pienso que mantener la riqueza requiere mucho más esfuerzo que el empleado para crearla, aunque esto no implica que si se gana suficiente dinero de manera independiente deberá ser gastado de manera irracional y no invertirlo (ver nota), porque el crecimiento personal o individual en lo económico estará sometido a muchas tentaciones y será difícil sortearlas, ya que si nunca se ha tenido dinero o no se ha tenido suficiente para atender los requerimientos básicos de calidad de vida —vivienda, vehículo, entretenimientos, etc.— es muy probable que lo primero que se le ocurra a quien se ha ganado algo de capital es comprar lo que ha deseado tener siempre, aunque no sea prioritario, y seguramente no habrá nadie que lo detenga. Será difícil evitar la tentación de la compra de lo suntuario, pero si sucede solo una vez o pocas veces tal vez pueda evitarse que continúe haciéndolo y que pensando inteligentemente opte por lo que en verdad vale la pena y comience a corregir dichas desviaciones.

Nota.

Gastar e invertir. Muchas personas confunden estos términos justificando un gasto como una inversión. Un gasto es un egreso o salida de dinero que una persona o empresa debe pagar por un artículo o por un servicio; se trata de un dinero que no podrá ser recuperado y que tampoco ayudará a obtener más dinero. Inversión, en cambio, es un egreso de dinero que después de un periodo de tiempo se recupera con ciertos beneficios. Las inversiones no solo son financieras; también pueden ser sociales.

¿Cómo hacer las inversiones?

Hacer inversiones tiene como finalidad primordial obtener una renta segura y sostenida, y para ello existen normas importantes que cumplir, las cuales asegurarán el beneficio estimado:

a. Tener expectativas de rendimiento sensatas. No esperar ganancias exageradas, y menos aún en campos en los que hay mucha competencia. El rendimiento sobre una inversión deberá basarse preferiblemente en la rotación en que se realizan las inversiones para los negocios y no en porcentajes sobre las inversiones; además, este rendimiento será proporcional al grado de valor agregado —de conocimiento, capital o riesgo— que se ponga en el negocio.

b. Entender claramente cómo se pueden diversificar los riesgos de la inversión realizada. El dicho popular «Nunca se deben colocar todos los huevos en la misma canasta» explica de manera palpable esta norma. Cuando se hace una inversión se deben analizar los posibles problemas que se puedan presentar e impedirnos cobrar el rendimiento y recuperar el capital invertido. Para lograrlo, lo más sensato es comparar los beneficios que estamos obteniendo con los que pagan inversiones más conservadoras, como por ejemplo la colocación del capital en una entidad bancaria de reconocida reputación. Sin embargo, si se desea invertir en una empresa operativa, se recomienda no colocar en ella todo el capital y tratar de obtener un puesto directivo que permita controlar o intervenir directamente en la utilización y administración de dicho capital. Igualmente, si se es empresario en el área de la construcción y la idea es invertir en una obra residencial, se deberán tomar en cuenta los factores que puedan entorpecer la recuperación del capital y obtener las ganancias previstas, como, por ejemplo, garantizar una ubicación favorable para la construcción, hacer buena promoción, pólizas de seguros en las áreas de mayor riesgo, etc.

c. No sufrir ni de avaricia ni de miedo. Pensar que se invertirá en un negocio sin esfuerzos, dedicación, valor agregado y asunción de riesgos bien estudiados, y se obtendrá una alta ganancia, es pecar de avaricia; no se puede hacer inversión y estimar ingresos —beneficios— superiores a los obtenidos en negocios similares. También en la inversión, si se va sobre lo seguro, no se debe sufrir de miedo, pues el temor a perder el capital invertido generalmente obstruye la posibilidad de hacer buenas inversiones; pero si la persona o empresa conoce bien el área de inversión, ha estudiado los riesgos, ha cuidado los factores que puedan generarlos y no peca de avara puede estar segura de que la inversión será beneficiosa.

d. La organización favorable de gastos personales, corporativos y familiares será una prioridad. Esta conformación de los gastos como porcentaje de los ingresos muestra que la prioridad son los gastos necesarios para vivir de forma ajustada, pero con calidad de vida. Tampoco es recomendable tener bienes suntuarios que puedan afectar esa calidad de vida.

En la práctica se ha demostrado que en todos los estratos sociales, y en especial en aquellos que tienen un poco más de poder adquisitivo, la inversión —capital— personal o familiar no debe exceder del 20% en rubros no productivos, algunos asesores en capitales e inversión inclusive recomiendan que no sea mayor al 10%, con el fin de tener un presupuesto de gasto corriente normal y equilibrado. Algunas personas que mantienen más del 20% de su capital en rubros que no le generan rentabilidad tienden a descapitalizarse a mediano plazo, ya que el mantenimiento y depreciación de esos bienes no productivos produce gastos sin tener una contraparte de ingreso y, en consecuencia, se genera un déficit financiero. Como ejemplo podemos mencionar que para mantener embarcaciones de recreo, como lanchas o yates, incluyendo sus respectivas pólizas de seguros, se deberá tener excelentes ingresos para no afectar los otros gastos básicos del grupo familiar.

Conclusión del capítulo 6

La riqueza no deberá ser el punto terminal de los éxitos. La realización personal y profesional o la maduración saludable de la empresa, que le aportará la mejor calificación como empresario, son en realidad la culminación de un camino exitoso dentro de los objetivos planteados, y la riqueza será la consecuencia, no sin olvidar que esta deberá ser sinónimo de alta calidad de vida, felicidad y tranquilidad espiritual. Sin estos principios no hay éxito que valga, aunque se tenga mucha riqueza. El capítulo analiza los factores que pueden afectar estos principios; asimismo, damos una serie de recomendaciones para evitar las desviaciones típicas de cuando se crece en ambientes desfavorables en lo empresarial o en lo personal, y luego analizamos los procesos de innovación en caso de tener que empezar un nuevo camino —misión— hacia una nueva meta —visión— o a la meta anterior no lograda. Deseamos cerrar con una reflexión: «Probablemente hacer riqueza sea mucho menos difícil que mantenerla, conservarla y manejarla. De manera que asegurar su crecimiento sostenido requiere más sagacidad y estrategia que cuando se logró crearla».

Capítulo

7

EL EMPRESARIO Y LA DIRECCIÓN

«Por muy pequeña que sea su empresa, el empresario deberá separar su actuación como dueño o directivo de su desempeño como gerente; la primera es subjetiva, periódica y solo requiere de la intuición en los negocios, y la segunda es objetiva, permanente, y necesita planificación, control y dedicación».

En las etapas de emprendimiento y maduración de su empresa, el empresario, además de aplicar su sagacidad en las estrategias de negocios, que son gestiones netamente empresariales, deberá también aplicar criterios de alta gerencia en la naciente empresa, ya que podría ser una situación óptima que él se dedicase a los asuntos puramente empresariales, de dirección, como enrumbar la orientación de la empresa según se ha concebido, las estrategias de mercadeo, el apalancamiento financiero, entre otros, y que contratase a un gerente entrenado para encargarlo de los asuntos de gestión, como la comercialización, las operaciones y la administración.

Pero esto nunca será así, porque necesitaría de ingentes recursos económicos que al inicio no tiene, inclusive de capital humano, difícil de conseguir en los primeros años de la empresa debido a que el personal gerencial valioso solo desea trabajar en empresas reconocidas que le den valor agregado, por lo que el empresario tendrá que cumplir ambos roles: dirección y gerencia. No obstante, el empresario deberá separar ambas responsabilidades tomando en cuenta que la gestión —operaciones y administración— siempre consumirá mucho más tiempo que la dirección (inicialmente supervisar el rumbo, mercadeo y apoyar las finanzas). Para esto debe aplicar los criterios que describiremos en la primera parte de este capítulo, titulada «De la dirección a la gerencia»; posteriormente, en su rol de gerente, tendrá que emplear claros principios de planificación estratégica, liderazgo, comunicación asertiva e innovación, los cuales se explicarán en el capítulo 8.

La alta gerencia, a diferencia de la gerencia ordinaria, que significa controlar y supervisar la gestión de un área de la empresa, implica administrar, controlar y supervisar varios o todos los ámbitos de la misma, entre los que destacan por su importancia: la comercialización (hacer las ventas), las operaciones (implementar las ventas) y la administración (supervisar y controlar el producto de las ventas y el recurso humano de la empresa), los cuales están delegados en sus respectivos gerentes en las medianas y grandes empresas. No debemos confundir los conceptos de «alta gerencia» y «dirección», a los que nos referiremos en el desarrollo del capítulo.

De la dirección a la gerencia

Con las recomendaciones descritas en el capítulo 1, al novel empresario no le será difícil ejercer los dos roles principales durante los lapsos incipientes de empresa, aunque tendrá que saber separar su desempeño de manera que ni él ni su recurso humano confundan las actuaciones y puedan obtenerse los mejores resultados de las mismas.

Cuando dicto clases de preparación empresarial y explico los procesos de dirección y gerencia empresariales, utilizo como ejemplo muy explícito unas historias metafóricas haciendo dos comparaciones que se asemejan mucho al desempeño que debe tener el novel empresario: a. El capitán de un barco mercante, y b. El director de una orquesta sinfónica.

a. Antes de salir de un puerto, el capitán de un barco mercante cumple con los procesos preparatorios para la navegación —procesos de dirección—: estudia su destino y su situación tanto geográfica como logística; luego fija su rumbo y, además, estudia uno alternativo por si aparece un riesgo significativo en el fijado —por ejemplo, una tormenta o un huracán—; consigue los recursos necesarios para hacer el viaje, combustible para la nave, alimentos para su tripulación, e inclusive revisa su recurso humano por si necesita de algún especialista en el viaje. Luego, cuando zarpa y comienza a navegar —proceso de gerencia—, controla su nave, supervisa todas las operaciones, estudia el tiempo y las condiciones del océano, y va administrando sus recursos con eficiencia de acuerdo con el plan originalmente establecido. Así va navegando hacia el puerto de destino —meta objetivo—, pero no cambia su ruta en medio de su navegación a menos que el riesgo sea inminente y es entonces cuando recurre a la ruta alternativa; tampoco decide cambiar de meta, porque ese es su objetivo fijado y él sabe que todas sus estrategias de navegación están basadas en los análisis realizados sobre la meta prevista originalmente, por lo que cambiar sin un estudio nuevo, sin tomar en cuenta los nuevos requerimientos de recursos necesarios, podría ser un desastre.

b. Lo mismo podría suceder con el director de una orquesta sinfónica. En la preparación del concierto, él comienza con los procesos preliminares —procesos directivos—, hace los arreglos y prepara las partituras para los músicos, elige junto con los promotores la mejor sala de presentación y prepara a sus instrumentistas, inclusive selecciona y contrata a otros músicos como solistas o estrellas para mejorar su presentación, pero una vez que arranca el concierto agarra la batuta y solo controla y rige su orquesta —proceso gerencial—, y marcando el compás, supervisa la entrada y constancia de los instrumentos, recordando a sus músicos que no se retrasen, así como animándolos como método para el éxito de todo el equipo. El director de la orquesta en ningún momento, así esté muy exaltado por la aclamación del público, decide tocar alguna pieza musical no preparada con antelación; tampoco, en medio del concierto, decide que este o aquel instrumento debe entrar antes o después, o no entrar. Lo que se preparó con antelación con sus arreglos es lo que se interpreta y así se logrará el éxito.

Como en el caso del novel empresario cuando hay que separar los roles —de dirección y de gerencia—, y según se evidencia en los ejemplos explicados anteriormente, tanto el capitán del barco como el director de orquesta se visten de manera diferente y se preparan psicológicamente para cumplir con los dos roles; el de directivo es subjetivo y nos preparamos mentalmente para esto, así como nos vestimos informalmente, pero el rol gerencial debe ser muy objetivo, por lo que en su desempeño debemos ser directos y muy formales, cumplir normas y ataviarnos para ser consecuentes con el papel de gerente.

Lo aconsejable es que cuando apliquemos en nuestra empresa los procesos directivos estemos libres de formalismos, obviamente dentro de las funciones de un directivo, y vestirnos de forma casual (es bueno recordar que este rol consume menos porcentaje de tiempo), pero cuando nos toca ejercer e implantar los procesos gerenciales debemos ser formales, cumplir normas y usar, por supuesto, un atuendo acorde con el tipo de empresa que operemos (esta función requerirá de mayor inversión de tiempo por nuestra parte).

Los criterios directivos y gerenciales en las empresas son diferentes, pero en su proceso de gestión, de forma muy general, los representados en la siguiente gráfica son los habituales:

ACCIONISTAS (VISIÓN, MISIÓN, ETC.)

↓

Procesos directivos

JUNTA DIRECTIVA (DIRIGIR, NORMALIZAR)

↓

GERENTES (PLANIFICAR, CONTROLAR)

↓

EJECUTORES (OPERADORES)

Procesos gerenciales

↓

Procesos comerciales, industriales, de servicios y administrativos

Los criterios directivos más importantes son:

a. Preparar el plan estratégico de la dirección, es decir definir la visión, la misión, los valores y las políticas de la empresa. Estas políticas puntualizan los procesos operativos, administrativos, de comercialización, calidad y control interno, así como los de seguridad e higiene industrial, y muy contemporáneamente la política de protección del medio ambiente.

b. Preparar el plan de mercadeo y ventas, en el que se define la forma de promover los productos, las metas anuales y las áreas de influencia de ventas, y también los porcentajes de rendimiento —ganancia— sobre el capital que esperan los accionistas.

c. Preparar el plan de tecnología, el cual concreta los tipos de productos y servicios que la empresa comercializará, así como los procesos técnicos-tecnológicos que se aplicarán y el recurso humano que deberá contratarse y/o asociarse.

d. Preparar el plan de nuevas inversiones. Lógicamente la Junta Directiva o el empresario, desde su rol como directivo, deben definir y documentar cómo se realizarán las inversiones de capital inicial o de los capitales que se destinen a inversión. Se recuerda que inversión es la compra de activos tangibles e intangibles, como equipos, instrumentación, bienes muebles (vehículos, mobiliarios, etc.), y de bienes inmuebles (locales comerciales, bodegas, almacenes, terrenos, etc.).

e. Modificar los criterios básicos y los planes iniciales de la empresa cuando sea necesario.

f. Auditar todos los procesos de la empresa, en especial los financieros y de control de calidad; actualmente también se incluyen los de ambiente del trabajo, seguridad industrial e higiene y de protección del medio ambiente.

Para poder separar los roles se mencionan aquí, a manera de referencia, los criterios gerenciales más importantes, sobre los cuales nos extendemos en el capítulo 8:

a. Lograr los porcentajes de ganancia sobre el capital fijados por los accionistas.

b. Planificar e implementar las gestiones ordinarias y estratégicas de acuerdo con los planes de negocios elaborados por la Asamblea de Accionistas y la Junta Directiva.

c. Mantener informada a la Junta Directiva de la necesidad de cambios en los planes e implementarlos.

d. Mantener el ambiente de trabajo bajo las mejores condiciones.

Igualmente, y para evitar confusiones, se mencionan las acciones gerenciales básicas que el novel empresario deberá implementar para el arranque de su empresa:

a. Seleccionar, reclutar y contratar al recurso humano.

b. Implantar los planes de ventas de la empresa.

c. Implantar los procesos de las operaciones.

d. Implantar los programas de administración, normalización, seguridad y calidad de la empresa.

e. Controlar, supervisar y auditar las finanzas y las operaciones de la empresa.

f. Implantar y hacer seguimiento a los procesos de innovación y de reingeniería de negocios que decida la Junta Directiva (si aplicase).

¿Cuáles son las funciones del directivo de una empresa?

Como se indicó anteriormente, los empresarios propietarios de una empresa, especialmente de las pequeñas y medianas, tienden a confundir las funciones directivas con las gerenciales, provocando en todos los casos la toma de decisiones y la ejecución de acciones erróneas, desacertadas, inoportunas y, en algunos casos, irreversibles.

Por definición, el directivo de una empresa es aquella persona de mayor rango de autoridad, que puede ser el propietario, un accionista o el representante de un accionista; por lo general, en la pequeña y mediana empresa el presidente, directivo y/o representante legal es la misma persona y cumple estas funciones, pero cuando se trata de la gran empresa debe formarse un directorio integrado por varios individuos —por lo general con diferentes disciplinas— y en su seno se elige al presidente ejecutivo (Chief Executive Officer, CEO, por sus siglas en inglés) o director general, que será el directivo de más alto nivel jerárquico.

Aunque la función directiva es de presencia permanente su gestión es extraordinaria, mientras que la función gerencial está en el día a día de las actividades de la empresa y su acción es cotidiana. En contraste con lo expresado por algunos asesores y consultores empresariales, consideramos que dentro de una empresa y en el ámbito de la mayor autoridad jerárquica y del sistema decisorio que involucra al directivo y al gerente solo hay tres tipos de funciones primordiales: las de índole ordinaria, las de índole extraordinaria y las secuenciales. El directivo opera dentro de las funciones ordinarias y extraordinarias, y el gerente en el rango de las funciones ordinarias y secuenciales:

Funciones ordinarias

Son aquellas que definen la ejecución y supervisión de las actividades medulares de la empresa, como la comercialización, las operaciones y la administración.

Funciones extraordinarias

Son las que definen la elaboración de los planes y metas, así como aquellas que, por su trascendencia, ayudan al crecimiento de la empresa, como el apalancamiento financiero y los procesos de innovación, entre otras.

Funciones secuenciales

Son definidas como funciones con etapas y tienen como premisa la secuencia obligatoria entre una y otra etapa, es decir, que no se puede pasar a la siguiente sin culminar la anterior. Entre las más importantes está la determinada por el «ciclo de Deming», muy utilizado en gerencia y en el desarrollo de proyectos, el cual abarca estos pasos específicamente gerenciales: planificar, implantar (hacer, ejecutar), supervisar (verificar) y actuar (corregir).

Saber dirigir es lo prioritario

Puntualizando, la función directiva más importante es dirigir. Esta es una función ordinaria porque deberá ser aplicada a cada momento por el director, pero al mismo tiempo es extraordinaria porque dirigir implica también planificar, administrar, supervisar y corregir, que son funciones ocasionales y eventuales. Sin embargo, el director gerente o presidente ejecutivo no necesariamente deberá aplicar secuencialmente estas actividades para dirigir su empresa. Dirigir también implica orientar a todas las personas de la empresa hacia los objetivos pautados y descritos en los planes, labor que requiere de liderazgo por parte del directivo (ver capítulo 8). La capacidad de liderazgo es una de las señas de identidad más importantes de un gerente; es un rasgo natural en un empresario que ejerce como director o presidente ejecutivo de una empresa, el cual ha formado parte de su personalidad desde su etapa de visionario emprendedor y que lo acompañará durante su realización como empresario. Ahora bien, en el caso de que carezca de ella deberá adquirirla mediante un entrenamiento continuado.

Tampoco deberá confundirse dirigir (dirección) con gerencia (gestión). En la primera, el director trabaja solo, con otros directores o con asesores para planificar y fijar el rumbo de los negocios de la empresa; en la segunda, el gerente trabaja con sus subordinados para ejecutar la comercialización, las operaciones y la administración del negocio, de acuerdo con lo fijado por la dirección. Estas funciones serán ordinarias y en el ámbito gerencial necesariamente secuenciales, debido a que los gerentes deben planificar su gestión, luego ejecutarlas y supervisar su eficiencia; posteriormente tienen que actuar para corregir cualquier desviación de la planificación original. Este ciclo se aplica a cualquiera de los procesos que maneja el gerente: comercialización, operaciones y/o administración, entre los más importantes.

Los propósitos empresariales: visión, misión y valores de la empresa

Como lo hemos indicado anteriormente y aunque parezca altamente formal, presuntuoso y fantasioso, toda empresa, desde sus comienzos y por pequeña que sea, deberá tener definidos, escritos y publicados sus propósitos empresariales (visión, misión y valores), que son como una declaración implícita de cumplimiento de las principales responsabilidades del empresario, a las cuales tendrá forzosamente que ceñirse durante la duración operativa de la empresa. El empresario se regirá por estos propósitos básicos para cumplir las pautas fijadas en la formación de su empresa, como son el objetivo, ruta hacia el mismo y valores éticos. La creación, redacción, implementación, redefinición o ratificación de estos propósitos siempre será una tarea obligatoria del empresario como accionista único o de todos los accionistas, sin son varios los empresarios propietarios de la empresa.

¿Qué es la visión de una empresa y cómo se construye?

Como lo indico en el capítulo 1, cuando el visionario imagina su empresa futura fija en un gran porcentaje el objetivo de la misma. La «visión» fija las metas a las cuales deseamos llegar como empresa y necesariamente debe contener un criterio inspirador y motivador, ya que la misma será el objetivo permanente del empresario originario, es la manera como desea verse en el futuro. La visión es el punto de partida de toda empresa exitosa, inclusive muchos empresarios lograron su visión pero en ningún momento la han definido como tal, siempre la tienen como una fijación mental que se recuerda en los momentos difíciles y que nos ayuda a continuar nuestro camino.

La visión debe identificarse con la realidad del novel empresario en cuanto a su profesión o destrezas, ya que si no fuese así este debería plantearse afinar o mejorar primero sus competencias. Por ejemplo, un novel empresario tiene una visión de tener el mejor taller mecánico automotriz especializado en cajas automáticas y para ello es obvio que necesita ser un experto en dicha área. Siempre expongo la metáfora de comparar la visión del empresario con la de un aventurero excursionista que fija el final de su recorrido en algún lugar maravilloso, donde se sentirá pleno y complacido, y preparará su plan en función de llegar a ese sitio. El empresario, igualmente, debe imaginar ese lugar o estatus a donde desea estar y luego elaborar su plan para acceder al mismo (la misión); inclusive la visión podrá ser inédita y original, nunca alcanzada por otro, pero también puede haber sido lograda por otros empresarios y se inspirará en esa experiencia para conquistar la suya. La visión será el primero de los propósitos que debe fijar el novel empresario, ya que si no se tiene una meta u objetivo es imposible preparar una estrategia o plan para alcanzar el éxito. La visión de una empresa puede ser conocida por muchos de los involucrados en el destino de la misma —directivos, empleados, subcontratistas, proveedores, etc.—, pero solo concierne al empresario, a los accionistas y/o directivos; son ellos quienes deben recordarla permanentemente. Inclusive en muchas oportunidades se considera estratégica y no conveniente exponerla o propagarla; muchos empresarios cometen el error de publicar su visión en sus sitios web o en material de mercadeo.

¿Qué es la misión de una empresa y cómo se define?

Como lo indiqué en el párrafo anterior, la misión es ese plan estratégico que nos llevará a la visión; es la ruta, son los recursos y el cronograma (compromiso de tiempo). Es obvio que para fijar una misión debemos tener muy clara nuestra meta (visión) e identificarnos con la misma, igualmente analizar de forma objetiva cómo se logrará, lo que implica que el empresario debe definir cuál será el negocio, a qué se dedicará, cuáles serán los recursos económicos, humanos y tecnológicos con los que se apalancará la empresa, cuáles serán las áreas de comercialización, qué ventajas competitivas tiene como empresario y como profesional, quiénes serán sus clientes y cuál será su competencia. La misión de una empresa debe ser muy explícita y exponer en pocas palabras —en una cuartilla o página— cada una de las respuestas a las interrogantes antes indicadas.

La misión debe ser conocida y estar en el día a día de todas las personas involucradas en el funcionamiento de una empresa (clientes, directivos, gerentes, empleados, subcontratistas, proveedores, etc.). Esta se puede exponer y publicar porque, aunque indica algunas actividades estratégicas de la empresa, es fundamentalmente una guía para las actividades medulares de la misma y de utilidad solo para los involucrados; no obstante, copiarla e imitarla, como podrían hacerlo algunos empresarios inescrupulosos y sin imaginación para crear la misión de su propia empresa o utilizarla como un arma contra su competencia, revela debilidad en los aprovechadores, porque nuestras motivaciones o hacia dónde vamos (visión) podría causarles más trastornos que hacer su propia misión o investigar las fortalezas de la competencia. La misión es el enunciado básico para elaborar la planificación estratégica de la empresa, la cual sí deberá ser muy confidencial y manejada solo por sus directivos y gerentes.

¿Cuáles son los valores de una empresa y cómo se precisan?

Los valores son los principios morales y éticos que rigen las actuaciones de los directivos, gerentes y empleados de una empresa, y es necesario indicar que son estrictamente personales; no hay actuaciones empresariales, directivas, gerenciales y laborales que no involucren la acción de personas; los valores son netamente personales y todo el recurso humano de la empresa tiene que identificarse con ellos y aplicarlos. Los valores de una empresa deben exponerse y publicarse como parte de la identificación y el sentido de pertenencia del factor humano con la empresa. Los valores más importantes son:

- La lealtad a la organización y a la empresa.

- La excelencia.

- La probidad y la transparencia en los actos administrativos y comerciales, y en el manejo de bienes y recursos de la empresa.

- La disciplina, la puntualidad y el orden.

- La honestidad intelectual y profesional.

- La franqueza y sinceridad en las relaciones interpersonales.

- La ética empresarial y comercial.

Durante su actividad directiva y gerencial el empresario debe actuar conforme a estos valores, inclusive tiene que haber mucha coherencia y congruencia con su discurso y proceder.

No hacerlo implicaría el rompimiento de criterios de liderazgo y la pérdida del respeto de su personal hacia él y la empresa, lo que podría derivar en indisciplina, desorden, problemas de transgresión de la legalidad y corrupción en la empresa.

Los propósitos comerciales básicos

El director gerente, el presidente ejecutivo o los miembros del directorio —Junta Directiva— de una empresa, una vez fundada esta también tendrán que definir los propósitos comerciales básicos a los cuales se debe abocar cada uno de los miembros de la Junta Directiva (así sea el mismo director-propietario quien se propone hacerlo) e imponerlos en forma de normas, objetivos, metas, índices obligatorios de cumplir por el sistema de gestión de la empresa (la gerencia). Entre los propósitos comerciales más usados e importantes a seguir están:

- Ser el suplidor preferido de nuestros clientes.

- Ser la empresa más buscada y/o distinguida para trabajar.

- Ser el socio elegido y conservado por los grandes dueños de las tecnologías, canales de distribución y/o servicios.

- Ser una organización preferida por los inversionistas porque produce excelentes ganancias.

Conclusión del capítulo 7

Este capítulo establece la separación entre la dirección y la gerencia de una empresa. El director gerente, el presidente ejecutivo o la Junta Directiva de una empresa, denominado Sistema Decisorio Directivo, deberán tomar decisiones, sin confundirlas con las gestiones gerenciales. El proceso directivo es subjetivo, extraordinario y de mayor jerarquía que el gerencial. Nunca, pero nunca, un novel empresario, podrá tomar una decisión directiva —como ampliar su capacidad de *stock* de almacén de mercancías— desde su ámbito de gerencia, porque en ese momento específico tuvo una necesidad comercial transitoria y/o circunstancial de aumentar las ventas, ya que esta decisión implica aumento de inversión y de personal para manejar el nuevo *stock* y la logística. Se trata de una decisión directiva porque involucra al menos un análisis de financiamiento, del rendimiento de capital y de la modificación de las metas y planes originales de la empresa, lo que deberá hacer solo desde su rol de «directivo», para lo que realizará las consultas necesarias a los asesores legales, financieros y económicos y, al final de su estudio, determinará la factibilidad de modificar los planes originales de la empresa y tomará las decisiones oportunas y necesarias para realizar la nueva propuesta y cambios en los planes de negocios de la empresa.

Para concluir, debemos señalar que es imprescindible tener claros estos dos conceptos, que serán fundamentales en la gestión de una empresa: a. Dirigir es gobernar, marcar y hacer que se siga un rumbo hacia la meta con las pautas diseñadas y calculadas, y b. Gerencia es ejecutar las instrucciones y pautas diseñadas y calculadas por quien dirige, así como controlar y supervisar que las mismas sean realizadas con la mayor eficiencia y de forma oportuna.

8

EL EMPRESARIO Y LA GERENCIA

«El no querer cumplir normas por más simples que estas sean nos hace indisciplinados; es la iniciación a la anarquía y a la injusticia. Uno de los principios primordiales y más importantes de un gerente es el autocumplimiento de las normas que él mismo impone».

Como se indica en el capítulo 7, el novel emprendedor, en su camino a formalizarse como empresario, tendrá que encargarse de la gerencia de su naciente empresa y, al mismo tiempo, desarrollar destrezas que lo realizarán como gerente y le darán la autoridad suficiente para entrenar y delegar en su equipo humano tales destrezas, las cuales son: el liderazgo, la comunicación asertiva, el manejo de la planificación y una cultura de innovación. No obstante, debemos reconocer que a cualquier novel empresario decidido a sacar adelante su empresa no le será difícil adoptar una serie de condiciones y requerimientos necesarios para que la gerencia no lo agobie, a los cuales nos referiremos luego. Inicialmente nos abocaremos a reseñar nuestras principales atribuciones y responsabilidades como gerentes, lo que aplica tanto para el empresario-gerente como para quien es solo gerente.

Propósitos gerenciales que tendrá que cumplir el empresario

El empresario que en los inicios de su empresa asuma simultáneamente la actividad directiva (ver capítulo 7) y la alta gerencia, deberá tener en cuenta que esa dualidad será temporal y que, en la medida en que la empresa se desarrolle y crezca, tendrá que delegar la gerencia y abocarse únicamente a las responsabilidades directivas, que por supuesto serán mayores cuanto mayor sea el desenvolvimiento de la empresa.

Muchos de los propósitos gerenciales son comunes a todas las empresas y serán los preceptos obligatorios de cualquier gestión de gerencia, es decir, que deben ser asumidos por las personas que tengan dicha responsabilidad, ya sea el propietario-accionista o el gerente contratado. Tales propósitos son:

a. Lograr los porcentajes de ganancias sobre el capital invertido que son fijados por los accionistas. Esto representa el precepto más importante, que es alcanzar la eficiencia del negocio (inclusive si el empresario es accionista único debe abocarse principalmente a este mandato).

b. Planificar e implementar las acciones ordinarias y estratégicas de acuerdo con los planes de negocios elaborados por el propietario-accionista (el mismo empresario en su función de directivo) o la Asamblea de Accionistas (si aplicase) y/o Junta Directiva (si aplicase).

c. Mantener informada a la Junta Directiva (si aplicase) de la necesidad de cambios en los planes e implementarlos cuando los mismos sean trazados.

d. Mantener el ambiente de trabajo bajo la mejor de las condiciones laborales, de ambiente, higiene, seguridad industrial y seguridad personal.

Condiciones, atributos y requerimientos para ser un buen gerente

Es probable que, cuando comience su etapa de visionario y de emprendimiento en el arranque de su empresa, el novel empresario no cuente con atributos suficientes para implementar acciones gerenciales, por lo que será necesario prepararse como gerente, aptitudes que debe desarrollar mediante adiestramiento especializado, así como la experticia en su propia empresa. Es conveniente advertir que el novel empresario, inclusive un entrenado gerente, no deberá utilizar como método gerencial el del «ensayo y error», que aunque es un procedimiento científicamente aceptado tiende a agotar las opciones y hace que el recurso humano, que será el principal observador de las acciones y la actividad del gerente, no le tenga el respeto necesario para dejarse liderar. El método del ensayo y error es aquel que por defecto utilizan las personas sin suficientes destrezas gerenciales y que coloquialmente en muchos de nuestros países se resume en el eslogan «Como vaya viniendo, vamos viendo cómo hacerlo».

El novel empresario deberá primero corregir las desorientaciones de su personalidad que le impedirán recibir y establecer de forma eficaz la experiencia de la práctica, así como el entrenamiento (práctica) y adiestramiento (instrucción) necesarios para poder implementar una buena gestión gerencial. Estas condiciones que debemos cultivar como personas son: autoestima, coherencia, congruencia, asertividad y conducta del bien.

Autoestima
Es un conjunto de percepciones, pensamientos, evaluaciones, sentimientos y tendencias de comportamiento dirigidas hacia nosotros mismos, hacia nuestra manera de ser y de comportarnos, y hacia los rasgos de nuestro cuerpo y nuestro carácter. Como gerentes, estas brindarán la fortaleza suficiente para corregir otras desviaciones importantes que nos ayudarán a desarrollarnos como tales.

Coherencia
La coherencia ofrece a las personas la energía suficiente para una percepción clara de la realidad con la que se enfrenta. Una persona coherente es aquella que regularmente hace lo que dice; en otras palabras, que practica lo que predica. La

coherencia hará que nuestro discurso sea directo, conciso y consecuente con nuestras acciones, lo que ayudará a fortalecer el liderazgo de un buen gerente.

Congruencia

Nos hace sentir que la coherencia, la veracidad, la certidumbre y la sinceridad son dominantes en nosotros, lo que nos proporciona fuerza interior; todas nuestras partes internas están alineadas hacia un mismo objetivo, hacia un mismo fin. Esto reforzará nuestra perseverancia (ver capítulo 1), imprescindible para lograr lo que nos proponemos.

Asertividad

Como lo he mencionado en capítulos anteriores, es una forma de expresión consciente, congruente, clara, directa y equilibrada, cuya finalidad es comunicar nuestras ideas y sentimientos o defender nuestros legítimos derechos sin la intención de herir o perjudicar. Nunca diga «Sí», si lo que desea es decir «No». La asertividad en nuestras comunicaciones nos dará las condiciones necesarias para la correcta interactuación con todas las personas de nuestro entorno empresarial.

Conducta del bien

Conducta es la manera que tiene un organismo de reaccionar ante alguna alteración de su medio ambiente que le afecta. Como concepto genérico de conducta se puede plantear lo siguiente: «Aplicación de un patrón potencial de actuación perceptiva, cognitiva, afectiva y psicomotora para responder a una situación cuyo contenido podría estimular en forma defensiva la provocación en el sujeto de una pérdida del equilibrio interno». La conducta del bien nos aportará seguridad y nos ayudará a confiar en las personas, condición importante cuando como gerente se delegan responsabilidades y actividades.

Unas simples destrezas que pueden marcar la diferencia

A las condiciones anteriores sumo unas simples destrezas que, desde mi visión particular, debe poseer la mayoría de la gente que se destaca en la actualidad y que, por tanto, un buen gerente y/o empresario deben dominar, como saber nadar, bailar, conducir vehículos y manejar herramientas tecnológicas comunes. Tales habilidades son aplicadas en la vida normal y las refiero de forma extremadamente subjetiva porque su recomendación parte de una hipótesis particular, que tiene su origen en pruebas y experiencias de personas exitosas conocidas. A continuación explico mi hipótesis:

Saber nadar

Implica saber defenderse o desenvolverse en un ambiente o entorno diferente al natural, ya que cuando se está en el agua y no se pisa fondo nos desenvolvemos en un medio diferente a nuestro medio principal, que es la tierra.

Saber bailar

Implica que no se siente temor a exponerse ante la gente, se sepa o no bailar bien. Esto significa que tus acciones no estarán signadas por lo que piensen otros.

Conducir vehículos

Implica que no se depende de nadie para ir de un sitio a otro, que se tiene libertad y control sobre lo que se desea hacer.

Manejar herramientas tecnológicas comunes

El manejo de las tecnologías de información, comunicación y herramientas de procesamiento de datos y control de operaciones le mantendrá a la vanguardia y coadyuvará en los procesos gerenciales, además del conocimiento teórico y práctico del idioma inglés (que para este caso no será condicionante, pero sí conveniente).

Valores éticos en la personalidad de un gerente

Los valores éticos son reglas del comportamiento humano que regulan la conducta de las personas para lograr el bienestar colectivo, y una convivencia armoniosa y pacífica en la sociedad. Es de destacar que estos valores pueden ser relativos en virtud del punto de vista que posee cada persona, ya que, por ejemplo, para un individuo llegar puntual al trabajo es sinónimo de responsabilidad, pero para otro pudiese no tener relevancia, puesto que para él la puntualidad no es un requisito exigido en su forma de vida. Los valores éticos en algunos individuos son considerados a su puro interés y no a su necesaria aplicación. (Fuente del último párrafo: http://www.significados.com/valores-eticos). Sin embargo, con los valores éticos no aplica un mínimo de cumplimiento, solo hay que practicarlos y aplicarlos todos. Si sobran, muy bien, pero si faltan se pone en evidencia el tipo de personalidad de un individuo.

En el caso del gerente-empresario o gerente normal, cualquiera que sea el caso, y a quien en adelante llamaremos solo «gerente», los valores éticos más significativos, tal como lo referimos en el capítulo 3, son: respeto, honestidad, justicia, disciplina, puntualidad y lealtad.

Respeto
Profesamos el respeto a la dignidad humana de nuestros clientes, empleados y de todas las personas con las que interactuamos, así como con el entorno y el medio ambiente. Respetamos las diferencias, somos tolerantes ante la diversidad dentro del marco de nuestros principios y valores, y procuramos mantener el ánimo conciliatorio en todas nuestras relaciones.

Honestidad
Cumplimos con nuestro deber, somos honrados, decentes y veraces en todos nuestros actos. Nos comportamos con integridad y carácter. Acatamos las leyes y las normas de conducta.

Justicia
Nuestras relaciones se caracterizan por tratar a cada quien con equidad e imparcialidad, según el sentido natural de la justicia, y por ofrecer a cada cual un trato acorde con lo que merece de acuerdo con su comportamiento. Hay que actuar conforme a la ley, sin olvidar que nuestras principales guías son la conciencia y el sentido del deber.

Disciplina y puntualidad

La disciplina es el arte de cumplir con exactitud puntual y ordenadamente todos los compromisos que adquirimos. Para alcanzar la excelencia es indispensable que la disciplina esté presente en todas las actividades que desarrollamos, pues facilita el mejor desempeño de nuestro trabajo y nos hace confiables ante nuestros clientes.

Lealtad

Somos fieles con nuestros clientes, jefes, subalternos y compañeros, pero ante todo profesamos lealtad a nuestra empresa y al grupo de empresas filiales a los que pertenecemos.

Los estilos de gerencia

El porcentaje de aplicación por el gerente de cada uno de los atributos, rasgos y valores descritos anteriormente marcará su estilo de gestión, en una escala que puede ir de lo más favorable a lo más desfavorable. Su grado de aplicación, cumplimiento y/o práctica afectará de una manera positiva o negativa los climas organizacionales, laborales y operativos de la empresa.

De acuerdo con el grado de liderazgo y la personalidad predominante del gerente, existen dos categorizaciones de estilos de gerencia que se pueden aplicar: una basada en los resultados de la gestión y la otra en la personalidad predominante. Esta última no solo podría afectar la gestión, sino también los negocios de la empresa. A efectos de que el novel empresario que debe asumir la gerencia de su naciente empresa pueda autoanalizar su estilo y corregir las desviaciones hacia modelos más favorables a la gestión de la misma, describo ambas como referencia.

Los estilos relacionados con la gerencia basada en los resultados de la gestión son:

Coercitivo

Es un estilo restrictivo y represivo. En él está presente el llamado de atención y la sanción como forma de autoridad; no hay respeto hacia el equipo humano y afecta el clima organizacional negativamente. Desmotiva a las personas, produce falta de buena visión y pérdida de claridad y compromiso. Obliga a los empleados a hacer lo que él dice y no los convence del porqué hay que hacerlo; sus frases más utilizadas son «Haz lo que te digo» y «Eso es lo que hay».

Imitativo

Su gran obsesión es hacer todo mejor y mucho más rápido que los empleados. Sustituye al personal que rinde poco y tiene una alta tasa de rotación del recurso humano. No colabora con mejorar el clima de trabajo y la moral decae. No explica con claridad las normas y tareas, y espera que las personas sepan lo que deben hacer por sí solas. La flexibilidad y la responsabilidad desaparecen, y el compromiso se evapora. Este estilo puede funcionar en algunas ocasiones para líderes de equipos compuestos por profesionales altamente formados, capacitados y motivados.

Orientativo

Estimula a sus empleados y estos entienden que su trabajo importa y saben por qué. Maximiza el compromiso hacia los objetivos. Describe eficazmente su punto final, dejando libertad para innovar, experimentar y tomar riesgos calculados dentro de la visión. Le dice a la persona «Ven conmigo», y logra el compromiso del equipo humano.

Participativo

Fomenta la confianza, el respeto y el compromiso. Los empleados subordinados tienen voz en las decisiones y en la forma de hacer su trabajo; incrementa notablemente la flexibilidad y la responsabilidad. No obstante, tiene el inconveniente de convocar muchas reuniones, en las que a veces se dejan archivadas o engavetadas ideas constructivas.

Capacitador

Este método tiene como principal criterio enseñar, formar, delegar y motivar al equipo humano. Se utiliza con menos frecuencia que cualquier otro. Muchos líderes dicen que no tienen tiempo para realizar una tarea tan lenta como enseñar a otros y ayudarles a crecer en su medio laboral. Quienes ignoran este estilo están lamentablemente perdiendo la oportunidad de utilizar una herramienta muy potente y efectiva: su impacto sobre el clima y el desempeño laboral es totalmente positivo. En mi particular opinión, es el más favorable de los criterios gerenciales; lo aplico en mis empresas.

La segunda categorización de los estilos de gerencia está fundamentada en la personalidad del gerente y son determinados según las teorías de Douglas McGregor (1906-1964), psicólogo social y asesor empresarial, quien también elaboró una herramienta o prueba para la calificación de estos estilos, la cual, aunque es antigua, sigue muy vigente. Algunos psicólogos y gerentes del recurso humano la aplican para determinar el compromiso de los gerentes con los propósitos de la empresa. Analizo y describo cada uno de estos estilos en función del que es más conveniente para el gerente-empresario. Estos estilos son:

Desertor

Es el estilo de la persona que elude las responsabilidades una vez que ha aceptado tenerlas y teme tomar decisiones. Es el más negativo de los estilos; probablemente este tipo de individuo solo aplica una vez como gerente, ya que no se realiza como tal y tiene muy alta rotación de trabajos en su hoja de vida.

Misionero

Desea ayudar a todos, inclusive sin tener la debida experticia. No le importan los resultados y trata de lograr el objetivo de la posición laboral aun demostrando lástima o sumisión. También es uno de los más negativos.

Autócrata

Se define como aquel que da la orden sin consulta previa y solo espera el cumplimiento; se considera como el único competente para ejercer la responsabilidad. Causa la deserción de sus subordinados y afecta el ambiente organizacional.

De transición

Es aquella persona que aún no define su estilo, algunas veces asume el rol de promotor y otras de autócrata, incluso puede comportarse como misionero. No es el estilo más recomendado porque la falta de un perfil definido tiende a confundir a sus subordinados, causando ineficiencia en la gestión.

Burócrata

Es aquella persona que requiere tener una organización y colaboradores para poder cumplir su objetivo; no le importa la eficiencia, solo los resultados. Este estilo tiene su lado positivo, pues se logran resultados favorables en la gestión; sin embargo, los costos son altos, por lo que también resulta ineficiente.

Promotor

Es una persona impulsora de actividades para lograr los objetivos; fomenta, crea e inicia. El estilo es favorable a la gestión de un gerente siempre y cuando cuente con colaboradores que cumplan sus responsabilidades y que tengan sentido de pertenencia con la empresa. Lo negativo de este estilo es que muchas veces se extralimita en la promoción y el impulso de nuevos objetivos sin dejar el tiempo para la implantación de los antes fijados.

Autócrata benévolo

Trata de usar no la autoridad sino la relación de liderazgo y hasta de amistad con sus subordinados como instrumento de influencia. Es percibido como alguien que confía implícitamente en sí mismo y en su modo de hacer las cosas. Es uno de los estilos más favorables al logro de los objetivos de la gestión; es bastante eficiente y el que más se identifica con el gerente-empresario.

Ejecutivo

Ve su tarea en términos de maximizar efectivamente el esfuerzo de los demás en el corto y largo plazo. Es efectivo en el sentido de su dedicación a la tarea y en las relaciones, y tiende a que los subordinados lo imiten por su modelaje. Este último, de acuerdo con esta forma de calificar los estilos de gerencia, es el más favorable a la gestión de la empresa.

Habilidades que debe tener el buen gerente

Como lo he mencionado anteriormente, el buen gerente habrá de tener cuatro habilidades que deben convertirse en destrezas (que es una habilidad practicada) y hábitos (que es una destreza convertida en una conducta inconsciente) para poder consolidarse como tal. Estas son: a. El liderazgo; b. La comunicación asertiva; c. Manejo de planificación, y d. Cultura de innovación.

a. El liderazgo

Es la primera habilidad que debe asegurar el novel empresario, ya que con ella logrará dos de los objetivos primordiales que deberá tener su empresa: a. Contar con un buen equipo humano para dar respuestas eficaces a las ventas y operaciones, y b. Convencer a los clientes para realizarles las ventas en condiciones que los beneficien mutuamente.

Defino el liderazgo: Es el conjunto de habilidades gerenciales y directivas que un individuo tiene para influir en la manera de ser de las personas o en un grupo determinado, logrando que este equipo trabaje con entusiasmo para el logro de las metas y los objetivos de una empresa. También se entiende como la capacidad de tomar la iniciativa, gestionar, convocar, promover, incentivar, motivar y evaluar a un grupo o equipo humano. En la administración de empresas el liderazgo significa conducir de forma eficaz y eficiente la actividad ejecutiva del recurso humano, de un proyecto o de la gestión gerencial. El liderazgo entraña una distribución desigual del poder. Los miembros del grupo —seguidores— no carecen de poder; dan forma a las actividades de distintas maneras, aunque, por regla general, el líder será quien tenga la última palabra. (Fuente del último párrafo: www.wikipedia.org).

Ejercer influencia sobre la gente es un arte que muchas personas desearían dominar. El liderazgo es la mejor herramienta para trabajar con equipos humanos —inclusive los más especializados y exigentes—, así como para realizar las mejores campañas de ventas, lograr una producción eficaz, y ejecutar y culminar exitosamente los proyectos.

Utilizando como referencia *Las 21 leyes del liderazgo*, del norteamericano John C. Maxwell —coach, conferencista y autor de más de ochenta libros—, indico diez pasos que considero propicios para ganar el liderazgo:

1. Demostrar integridad, ser coherente, congruente y asertivo; cumplir todas las expectativas y los compromisos prometidos.

2. Enseñar a los demás; tener disposición para instruir, adiestrar y preparar a las personas.

3. Tener fe en las personas, verlas por lo que pueden llegar a ser.

4. Saber escuchar, mirar a nuestro interlocutor, añadir o hacer preguntas, no interrumpir, evitar cambiar el tema, revisar y estar pendiente de nuestras emociones.

5. Comprender a la gente, analizar e intuir a cada persona detenidamente.

6. Contribuir al desarrollo de las personas y darles un alto valor. Asumir como un compromiso personal el añadir valor a otros, tener la habilidad de exigirles y de demostrarles que tu mayor alegría es ver el éxito de los demás.

7. Guiar a la gente, tener la habilidad para hacer que sientan los planes y confíen en ellos.

8. Conectarse con la gente; asumir que es obligación del líder estar interesado en su gente.

9. Dar poder y facultar a la gente. Seleccionar y encontrar a la persona que merezca el poder, hacerle saber cuál es su misión y responsabilidad, demostrarle apoyo visual y verbalmente, mantener siempre la puerta abierta para una buena relación, manifestar apoyo públicamente cuando alguien tiene éxito.

10. Apoyar el desarrollo de nuevos líderes; no pensar o demostrar que un nuevo líder puede desplazar al que lo formó. De esta manera, el nuevo liderazgo es concebido como un refuerzo cooperativo y no competitivo.

Por otro lado, el líder debe evitar los siguientes sentimientos: el miedo, porque tenderá a manipular a la gente; la aversión o antipatía, porque tenderá a aprovecharse de la gente; el menosprecio o desprecio, porque tenderá a abandonar a la gente, y el egoísmo, porque tenderá a pensar que es único.

Basándome en el mismo libro de John C. Maxwell describo los mitos del liderazgo, los cuales son acogidos erradamente por muchas personas como metodología para obtener el don del liderazgo, sin entender que este no se logra estudiando o adiestrándose, sino que el verdadero liderazgo se conquista. Tales mitos son:

El liderazgo y la gerencia

El gerente asume que con solo tener ese título ya podría llamarse líder. La diferencia es que liderazgo es influir en el recurso humano, mientras que gerencia es la ejecución de los procesos, aunque es muy probable que la segunda no se logre eficazmente si no se cuenta con el primero.

El liderazgo y el empresario

Lo mismo sucede con muchos dueños y presidentes de empresas, quienes creen que por el poder económico o la autoridad que les permiten ocupar esas posiciones en lo legal y financiero ya se pueden abrogar el título de «líderes». Nada más equivocado. Inclusive, esto resulta perjudicial para el empresario y la gestión de la empresa, puesto que tergiversan el valor del líder y confunden a su recurso humano de forma tal que este asume conceptos erróneos y muy desfavorables del verdadero empresario.

El liderazgo y el conocimiento

Desde tiempos ancestrales se cree que el conocimiento es poder y mucha gente piensa que el poder es la esencia del liderazgo. Se supone que si se posee conocimiento e inteligencia ya se es un líder nato, lo que es totalmente opuesto a la realidad. Las personas de alta inteligencia y de amplios conocimientos prefieren dedicarlos a la investigación, el desarrollo y la enseñanza, que son los fundamentos de la sociedad. Incluso, ellos mismos asumen que el raciocinio no otorga automáticamente la condición de líder; por lo tanto, aquellos que desean ganarse esa condición saben qué hacer, pero muchos prefieren seguir dedicados al bienestar de la humanidad.

El liderazgo y el precursor

También se equivocan quienes, por estar al frente de una multitud y/o ser precursores de alguna actividad que consideran importante, se autocalifican de líderes. Muchas veces el líder no está al frente, pero sí influye para que otros sigan la senda, pues, como dice Maxwell, para que una persona sea líder no basta con que vaya al frente, sino que, además, debe tener gente que intencionadamente venga detrás de ella, siga su dirección y actúe sobre la base de su visión.

El liderazgo y la posición

Este último mito es uno de los más controvertidos, porque la gente que obtiene una posición de cualquier forma, por influencia política, militar o civil, inclusive por méritos propios, se asigna enseguida el título de líder. Y aquí volvemos a los fundamentos de las leyes del liderazgo: lograr influenciar a la gente y que sigan tu visión, tus pautas y dirección nunca será un asunto de gerencia, de poder económico o legal o de posición, sino de convencimiento e influencia.

b. La comunicación asertiva

La comunicación corporativa —aquella que involucra al recurso humano de una empresa, así como a clientes, proveedores y contratistas— jugará un papel determinante en la actividad del novel emprendedor y también en su rol como empresario una vez que su empresa esté consolidada.

Comienzo con la definición y objetivos de la comunicación corporativa: Comunicación suele definirse como un comportamiento de expresión y diálogo entre personas con la finalidad de transmitir información para lograr un efecto, en la cual un emisor envía información a un receptor esperando una respuesta; no se agreden ni se someten a la voluntad de la otra persona, sino que manifiestan sus instrucciones u opiniones y reciben respuestas que interpretarán para continuar con el proceso de interrelación. Cabe mencionar que la verdadera comunicación debe ser obligatoriamente asertiva —clara, sincera y directa—, y convertirse en un hábito y una conducta de las personas. La comunicación asertiva es una forma de expresión consciente, congruente, clara, directa y equilibrada. Las personas poco asertivas en su comunicación tienden a confundir, inclusive hay quienes lo hacen por error, pero nunca corrigen su forma de comunicarse y lamentablemente el diálogo en un gran porcentaje fracasa porque no logran su objetivo; también es cierto que algunos lo hacen premeditadamente para engañar y sacar provecho de ello. Todas las personas involucradas en la dirección y gestión de una empresa, sus directivos, gerentes, supervisores, ejecutores y todo su recurso humano de menor posición, deberán tener el objetivo fundamental de utilizar una buena comunicación, una «comunicación asertiva».

El objetivo de la buena comunicación es proponer una conducta que produzca en las personas involucradas en la gestión de una empresa una reflexión personal y profesional que permita que el desarrollo de la comunicación y el manejo de la información sean asumidos como factores importantes y como medios para optimizar la gestión de la empresa, y que haga que la misma sea más precisa, veraz y por tanto más rigurosa.

Para que exista comunicación debe haber al menos dos personas y varias acciones que necesariamente estarán interrelacionadas: a. El emisor, que es quien expresa inicialmente su información o mensaje con una intención, y b. El receptor, que es quien recibe la información o mensaje y lo interpreta, tiene una reacción y luego envía su respuesta al emisor, que a su vez también piensa e interpreta la respuesta para luego emitir nuevamente otra información o mensaje. En este caso el medio es el lingüístico (con palabras expresadas oralmente).

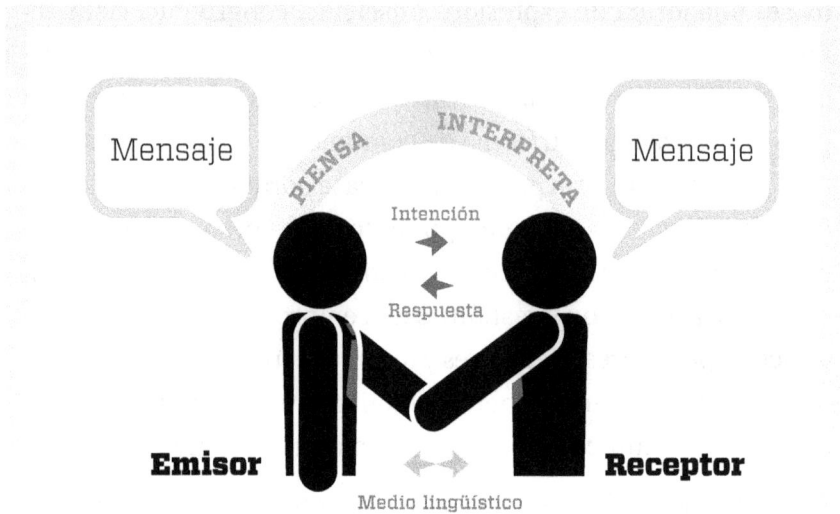

Mensaje   PIENSA   INTERPRETA   Mensaje

Intención

Respuesta

Emisor   **Receptor**

Medio lingüístico

Para precisar los factores importantes en la comunicación corporativa, aclararemos a continuación algunas definiciones, terminología y conceptos:

- **La información:** Conjunto de datos importantes de transmitir de un emisor a un receptor.

- **La comunicación:** Es la transmisión adecuada, oportuna y trascendental de la información. Incluye al emisor y la respuesta del receptor.

- **Elementos de la comunicación:** Emisor, receptor, canal, código, mensaje y contexto.

- **La lingüística:** Es el conocimiento que los hablantes poseen de los idiomas o dialectos que dominan.

TIPOS DE COMUNICACIÓN

Tienen que ver con la forma en que las personas se intercambian la información entre ellas; estos pueden ser:

• **Lingüística oral:** Es la más común de todas y se establece mediante el diálogo que mantienen dos o más personas, quienes se intercambian información con un fin determinado. Puede ser presencial —frente a frente—, por teléfono o vía medios electrónicos audiovisuales. En esta clasificación también debemos contemplar la información audiovisual, como la radio y televisión.

• **Lingüística escrita:** Aunque la oral es la más común, esta es la más utilizada en la actualidad, ya que está conformada por todas las comunicaciones escritas que recibimos o percibimos vía correo físico o electrónico, las escritas vía «chats» o por WhatsApp, Twitter, Facebook, LinkedIn, etc.

• **No lingüística visual:** Es la que recibimos de indicadores visuales, como los semáforos o las pantallas de indicación. Ejemplos de estas últimas son los anunciadores de pisos de un ascensor o de un sistema de turnos para ser atendidos en una farmacia o en un banco.

• **No lingüística gestual:** Es la recibida de personas a través de gestos, como señales y ademanes, que nos indican algún tipo de situación o instrucción.

• **No lingüística acústica:** Es la transmitida por sistemas acústicos electrónicos o no —no lingüísticas—, como alarmas o timbres, y que igualmente nos indican algún tipo de situación o instrucción.

CLASIFICACIÓN DE LA COMUNICACIÓN SEGÚN SU IMPORTANCIA

• **La ordinaria:** La usual, común y corriente, de acciones diarias, que se distinguen porque no tienen ningún tipo de calidad u otra calificación.

• **La importante:** La que tiene calidad de muy valiosa, y que de no tomarse en cuenta produciría pérdida de tiempo y fallas en la planificación.

• **La urgente:** Que tiene carácter de lo que es apremiante o de pronta ejecución y que de no realizarse tendría consecuencias considerables.

Nota.

Deseo aclarar la diferencia entre las palabras trascendencia e importancia. Trascendencia se refiere a aquello, en este caso la comunicación, que va más allá de algún límite o supera las restricciones de un determinado ámbito, ya sea físico o simbólico, y puede tratarse de un resultado o consecuencia de gran relevancia o gravedad. Importancia es la cualidad de lo importante; se trata de un término que permite hacer referencia a algo o a alguien destacado o de mucha entidad. La trascendencia de una comunicación la fijan el contenido y sus consecuencias; la importancia de una comunicación la establecen su emisor y la premura de su entrega. Fuente: http://definicion.de

CLASIFICACIÓN DE LA COMUNICACIÓN SEGÚN SU TRASCENDENCIA

• **Comunicación oportuna:** La transmisión de la información está en el momento y contexto precisos de la toma de decisiones o de acciones, sin repercusiones críticas.

• **Comunicación extemporánea**: La transmisión de la información está fuera de procedencia en tiempo y/o contexto.

• **Comunicación prioritaria:** Es la prelación en orden o en tiempo de una cosa respecto de otra. Internacionalmente, el código de prioridades es: emergencia, urgencia, necesaria, deseable o prorrogable. Por lo general, la comunicación prioritaria no tiene contexto en orden o tiempo; depende de su acción, contenido y clasificación.

¿POR QUÉ NECESITAMOS COMUNICARNOS?

Porque tenemos la necesidad de transferir información, como instrucciones, notificaciones, referencias, cortesías, sociabilización, etc., con la finalidad de lograr acciones y reacciones de nuestros interlocutores, que es el objetivo primordial de la comunicación. De acuerdo al ámbito (entorno) en el cual se produzcan, las comunicaciones tienen diferentes finalidades. A efectos del contexto empresarial y aunque pareciera que algunas no forman parte de este, las clasifico en: comunicaciones personales (ámbito familiar y laboral), comunicaciones sociales (ámbito laboral no empresarial), comunicaciones institucionales (ámbitos educativo, gremial, etc.) y comunicaciones corporativas (ámbito netamente empresarial). En cuanto a las finalidades, mencionaré las siguientes:

En el contexto personal

• Porque tenemos que suplir necesidades.

• Porque necesitamos expresar sentimientos.

• Porque necesitamos dar instrucciones.

• Porque deseamos intercambiar opiniones.

En el contexto social

• Porque tenemos que interrelacionarnos.

• Porque necesitamos expresar sentimientos.

• Porque tenemos que suplir necesidades (intercambios).

En el contexto institucional

• Porque tenemos que adquirir conocimientos y destrezas.

• Porque necesitamos expresar opiniones.

• Porque tenemos que defender nuestros derechos.

En el contexto empresarial

• Porque debemos dar y recibir instrucciones.

• Porque formamos parte de equipos de trabajo.

• Porque debemos reportar nuestra gestión.

• Porque debemos interrelacionarnos con nuestro clientes internos y externos para notificaciones, instrucciones, entregar resultados y conclusiones.

AXIOMAS DE LA COMUNICACIÓN

Con la intención de resaltar la importancia de las comunicaciones en el ámbito empresarial, expongo las propiedades de naturaleza axiomática de las comunicaciones que suponen consecuencias fundamentales para las relaciones humanas. Un axioma es un enunciado básico que se establece sin necesidad de ser demostrado. (Fuente: Paul Watzlawick, psicólogo austríaco y uno de los principales autores de las Teorías de la comunicación humana). Entre los axiomas más representativos están:

- No se puede no comunicar. En una situación de interacción toda conducta tiene valor de mensaje, es decir, de comunicación.

- En toda comunicación existe un nivel de contenido y uno de relación. Todo proceso de comunicación implica lo que decimos (mensaje o contenido) y a quién y cómo se lo decimos (relación).

- La naturaleza de una relación depende de la forma de determinar o pautar las secuencias de comunicación que cada participante establece.

- En toda comunicación existe un nivel digital y uno analógico. El lenguaje analógico (subjetivo) está determinado por la conducta no verbal y será el vehículo de la relación. El lenguaje digital (objetivo) se transmite mediante símbolos lingüísticos o escritos y será el vehículo del contenido de la comunicación.

- Todos los intercambios comunicacionales son simétricos o complementarios, según estén basados en la igualdad o en la diferencia. Las relaciones complementarias se fundamentan en el criterio de agregación en la conducta de uno de los participantes en relación con la conducta del otro.

FORMAS DE COMUNICACIÓN CORPORATIVA

En una empresa la comunicación tiene tres formas básicas de acuerdo con su origen y el objetivo de la misma, por lo que la podemos clasificar en: comunicación descendente, comunicación ascendente y comunicación horizontal.

• **Comunicación descendente:** Su principal utilidad es la emisión de directrices e instrucciones de un superior a sus subordinados. Ayuda a clarificar políticas, metas, etc. y se realiza a través de memorandos, informes, instructivos, reglamentos, manuales de organización, periódicos y revistas internos, folletos, diagramas o videos. Esta información le da sentido de dirección y gerencia al trabajo, orienta a los empleados, suministra datos importantes y ayuda a resolver sus dudas. Es el enlace entre los distintos niveles jerárquicos de la estructura formal.

• **Comunicación ascendente:** Suministra retroalimentación de los subordinados y establece un camino de oportunidad para recibir sugerencias, quejas, opiniones, etc. También, por medio de ella, se puede conocer el clima organizacional y es muy valiosa para integrar a los trabajadores con la gerencia y la dirección. Se realiza a través de programas de sugerencias, encuestas, procedimientos de quejas, una política de puertas abiertas, diálogo y reuniones de grupo.

• **Comunicación horizontal:** Se desarrolla entre dos personas del mismo nivel jerárquico. Es muy útil para la integración de los grupos de trabajo, la sociabilización necesaria entre las personas, y para hacer eficiente el desempeño de los grupos y equipos laborales. La mayoría de los mensajes transmitidos de forma horizontal tienen por objetivo la integración y la coordinación.

FACTORES QUE AYUDAN A MEJORAR LA COMUNICACIÓN

En atención a la importancia de las comunicaciones en los diferentes entornos en que nos desenvolvemos como personas

—familiar, social y empresarial—, debemos asumir que mejorar nuestra forma de comunicarnos será prioritario. Para lograrlo, de acuerdo con estudios realizados, la comunicación debe: a. Estar acorde con el estatus del receptor; es decir, que el emisor se deberá expresar con términos y un discurso asequibles al receptor; b. Estar acorde con el contexto y/o escenario donde se transmita; pasar de un escenario empresarial a uno social para responder una comunicación es inconveniente; c. Estar acorde con la pertinencia del tema; tratar temas diferentes al principal podría alterar o desviar el objetivo inicial de la comunicación; d. Estar acorde con el momento y/o la oportunidad; nunca deberá ser extemporánea; e. Estar acorde con el canal de comunicación (medio) más afín al utilizado por el emisor o en todo caso el canal puede ser superior a su trascendencia (en términos de trascendencia el canal oral es el de mayor prioridad); por ejemplo, si el emisor se comunica vía oral no podemos responder vía escrita, pero si el emisor nos escribe y es pertinente, podemos darle una respuesta oral. (Fuente y referencias: *La trascendencia de la comunicación: una visión pedagógica de los medios*, por Humberto Martínez-Fresneda Osorio).

FACTORES QUE ORIGINAN UNA MALA COMUNICACIÓN

En atención a lo descrito anteriormente, se pueden mencionar dos factores básicos que originan una mala comunicación: las formas de expresión y las actitudes que asumen las personas al intentar comunicarse.

Formas de expresión que originan una mala comunicación

• **La mentira.** Es una declaración realizada por alguien que sabe que está diciendo algo falso en todo o en parte, esperando que los oyentes le crean, ocultando siempre la realidad en forma parcial o total. En función de la definición, una mentira puede ser una falsedad genuina, una verdad selectiva o exagerar una verdad; incluso cuando la intención es engañar o causar una acción en contra de los intereses del oyente, la verdad es también una mentira.

• **El sarcasmo.** Es una burla mordaz con la que se pretende dar a entender lo contrario de lo que se dice o manifestar desagrado. El término también se refiere a la figura retórica que consiste en emplear esta especie de ironía. El sarcasmo es una crítica indirecta, pero la mayoría de las veces expuesta de forma evidente. No se debe confundir con la ironía. Ha sido proverbialmente descrito como «La forma más baja de humor, pero la más alta expresión de ingenio».

• **La metáfora.** Es una figura retórica que consiste en denominar, describir o calificar algo a través de su semejanza o analogía con otra cosa. Es una forma indirecta y a veces errónea de comunicarse. Consiste en la identificación de dos términos, de tal manera que para referirse a uno de ellos se nombra otro.

• **La ironía.** Es la figura literaria mediante la cual se da a entender lo contrario de lo que se dice. También se aplica a una expresión o situación que parece incongruente o que tiene una intención que va más allá del significado más simple o evidente de las palabras o acciones.

• **La comunicación mordaz.** Es la comunicación en la cual el emisor murmura o critica de forma ácida o cruel, pero ingeniosa, al receptor, a otra persona o una situación. Puede darse el caso de producir humillación, degradación y vergüenza, inclusive en personas que escuchan y que no son las aludidas.

Actitudes que originan una mala comunicación

- **La arrogancia.** Es un defecto que se refiere al excesivo orgullo de una persona en relación consigo misma y que la lleva a creer y a exigir más privilegios de los que merece.

- **La intransigencia o intolerancia.** Se define como la falta de voluntad para tolerar algo. En un sentido social o comunicacional, es la ausencia de tolerancia a los puntos de vista de otras personas. La intolerancia es una actitud irrespetuosa hacia las opiniones o características diferentes de las propias. Puede considerarse también como malacrianza.

- **La impertinencia.** Es una acción o dicho inoportuno y fuera de contexto que atenta contra el respeto, la dignidad o el honor de una persona; es una comunicación fuera de propósito o inadecuada.

- **El desinterés.** Es la apatía o el desgano ante lo que el emisor trata de comunicar y es totalmente contrario a las reglas del saber escuchar.

¿Cómo podríamos evitar factores y actitudes de una mala comunicación?

- **¿Cómo dejar de ser sarcástico e irónico al comunicarte?** Piensa antes de hablar, trata de imaginar cómo responderías si alguien te dijera cosas similares. Por otra parte, averigua lo que activa ese «ser sarcástico» que hay en ti, y una vez que lo reconozcas, tienes dos opciones: evitar esas situaciones o personas o encontrar otra forma de responder. Pídele a un amigo que te ayude, que te advierta si dices algo sarcástico o irónico. Esto no significa que deban llamarte la atención cuando esto suceda, simplemente que necesitas que te lo recuerden.

• ¿Cómo comunicarte con personas que son permanentemente sarcásticas e irónicas?

Por lo general, no es conveniente ni pertinente comunicarse con personas de este tipo. La única razón por la cual lo harías es porque hay intereses importantes, por lo que se debe aclarar que no se utilizará esta forma de comunicación si la misma tiene prioridad y valor. Hay que solicitar que la comunicación sea clara y directa.

• ¿Cómo evitar la mentira al comunicarte?

Ten en cuenta la razón por la que mientes. ¿Lo haces para tomar el control de una situación?, ¿para quedar bien?, ¿o tal vez para sentirte mejor? Averigua por qué quieres y/o debes dejar de mentir. ¿Por qué dejar de hacerlo cuando hace que tu vida sea mucho más fácil? Sin embargo, ¿para que debes dejar de mentir? Para volver a sentirte como una persona íntegra, restablecer vínculos con otras personas y recuperar la confianza de los otros en ti. Buscar ayuda externa y profesional; es la mejor solución para los mentirosos constantes y compulsivos.

• ¿Cómo evitar la arrogancia, impertinencia e intolerancia al comunicarse?

Todas las sugerencias encontradas en la investigación realizada sobre este aspecto indican que siempre habrá que evitar la comunicación con este tipo de personas; no obstante, cuando no podamos eludirla por la importancia de la misma será necesario seguir las siguientes recomendaciones: 1. Para el caso de la arrogancia: Reconocer al arrogante y solicitarle con todo respeto que deje de expresarse de esa forma, y que luego emita sus comentarios y respuestas. En caso de no lograr un cambio de actitud, preguntarle al receptor si es posible comunicarle por escrito lo que se desea expresar, y plantearle la importancia y necesidad de sus respuestas. 2. Para el caso de la impertinencia e intolerancia: Hacerle ver al receptor la no pertinencia del tema y/o el contexto equivocado, así como la importancia de la comunicación y la necesidad de conocer sus comentarios y respuestas. La comunicación escrita puede ser también una solución.

c. Manejo de la planificación

La planificación es la elaboración de un sistema metódico, científicamente organizado en tiempo, recurso y actividad, y aunque frecuentemente se plantea con una proyección de largo alcance, también suele aplicarse en función de pequeños objetivos cuyo logro con la eficacia esperada depende de una buena organización. Planificar significa pensar antes de actuar, pensar con método, de manera sistemática; enumerar posibilidades, analizar ventajas y desventajas, proponerse objetivos. La planificación es la principal herramienta de un gerente, ya que le ayuda a realizar sus actividades conociendo los recursos necesarios y su cronograma de ejecución, lo que le permite tomar acciones preventivas y correctivas en caso de que surjan discrepancias con la propuesta original.

PRESENTE		→	FUTURO
DÓNDE ESTAMOS AHORA	→ PLANIFICACIÓN	→	A DÓNDE PRETENDEMOS LLEGAR
SITUACIÓN ACTUAL	→ PLANES	→	OBJETIVOS A ALCANZAR

La planificación puede ser de dos tipos: a. La ordinaria u operativa, normalmente aplicada a las actividades normales que requieran un plan de corto plazo y que estén vinculadas con una empresa, proyecto, e inclusive con nuestra vida personal, y b. La estratégica, que son los planes que contemplan el paso de un estatus de actividad a otro, lo que implica acciones y recursos especiales.

• **Planificación ordinaria u operativa**

Se basa en la predicción, que en el contexto científico es una declaración precisa de lo que ocurrirá en determinadas condiciones. Se hace planificación operativa cuando la meta que se desea está científicamente comprobada. Parte de un diagnóstico objetivo, y se aplica cuando se realiza una obra o un proyecto de ingeniería, se organiza un equipo deportivo, o se va a una excursión o a un viaje.

• **Planificación estratégica**

Se aplica cuando se desea lograr un objetivo que trasladará a una organización de una posición o meta actual a una diferente. La planificación estratégica se fundamenta en la previsión de las distintas posibilidades. Previsión es la conjetura o cálculo anticipado que se hace de una cosa que va a suceder, a partir de unas determinadas señales o indicios. Este tipo de planificación introduce en su teoría la consideración de los «otros» participantes y/o factores; es un juego de conflicto y cooperación, es subjetiva. Es importante indicar que el uso de la planificación estratégica no es común, solo se recurre a ella cuando se requieren transformaciones profundas en organizaciones y proyectos que precisen desde un cambio de paradigma hasta cambios de escenario.

Muchos casos comprobados indican que la planificación ordinaria u operativa es un proceso o proyecto que deriva de las pautas y/o resultados de una planificación estratégica, donde se comparten la visión y misión de esta última.

Los conceptos que fundamentan los estatus de la planificación y fijan su cronología de aplicación se clasifican de la siguiente manera:

- **Lo ordinario**. Que es habitual, que no se distingue por ser mejor ni peor.

- **Lo extraordinario**. Que sucede o se hace pocas veces o en situaciones especiales. Algo que se destaca por sus buenas o especiales cualidades.

- **Lo estratégico**. Actividad o acción de importancia decisiva para el desarrollo de algo.

Y según su trascendencia, se clasifican en:

- **Lo ordinario.** Es lo usual, común y corriente; son acciones diarias que se distinguen porque no tienen ningún tipo de calidad u otra calificación.

• **Lo importante.** Actividad, acción, persona u objeto que son muy convenientes, interesantes o de mucha pertinencia.

• **Lo urgente.** Necesita ser realizado o solucionado con mucha rapidez porque sus consecuencias pueden ser muy determinantes.

Basado en el libro de Stephen Covey, *Los siete hábitos de las personas altamente eficaces,* expongo en el siguiente cuadro una serie de actividades significativas en la vida de una persona, distribuidas de la siguiente manera en cuatro cuadrantes combinados: lo importante, lo no importante, lo urgente y lo no urgente, esto como paso previo a la preparación de un proceso de planificación. Covey señala que para planificar hay que tomar en cuenta su importancia, pero no con urgencia.

	URGENTE	NO URGENTE
IMPORTANTE	**1. Actuar** · Crisis · Problemas apremiantes · Proyectos con fecha de caducidad	**1. Pensar** · Prevención · Construir · Planificar · Reconocer nuevas oportunidades
NO IMPORTANTE	**3. Delegar** · Interrupciones · Cuestiones inmediatas · Algunas reuniones o informes	**4. Considerar** · Trivialidades · Pérdida de tiempo · Actividades agradables

PLANIFICAR VS. IMPROVISAR

- **Improvisar**

Significa realizar algo sin haberlo preparado con anterioridad, sin estudio o análisis, sin ensayo. La improvisación es el hecho y la forma de transmitir o generar de manera espontánea una idea.

- **Planificar**

Es el proceso metódico diseñado en función de un objetivo determinado; implica tener uno o varios objetivos planteados junto con las acciones a emprender para alcanzarlos exitosamente. La planificación es un proceso de toma de decisiones para conquistar un futuro deseado, teniendo en cuenta la situación actual y los factores internos y externos que pueden influir en el logro de los objetivos.

¿CÓMO HACER UN CRONOGRAMA DE PLANIFICACIÓN?

El cronograma es la herramienta más importante de la planificación; en él se definen las diferentes actividades y sus prioridades, con su implementación en tiempo y empleo de recursos. Se trata de un mecanismo de control y auditoría en forma de gráfico interactivo, que requiere del planificador una especial atención en cuanto a la desagregación de las actividades, su real cumplimiento en el tiempo y su prelación sobre otras actividades que podrían limitar o restringir el cumplimiento de las mismas y, en consecuencia, afectar la planificación.

No obstante, se debe tener especial cuidado con las actividades a cumplir porque, aunque no limiten directamente otra actividad, si no llegaran a efectuarse pueden desviar totalmente el plan. Como ejemplo simple y fácil de entender se puede señalar que dentro de un plan de preparación de una excursión familiar, la actividad de emprender el viaje estaría restringida por la de comprar las provisiones, pero muchos no la limitarían por la de hacer mantenimiento preventivo al vehículo; sin embargo, se trata de un factor de incertidumbre que podría desviar el objetivo de llegar a nuestra meta.

Cuando un gerente tiene la necesidad de hacer un plan debe actuar con todos los involucrados —inclusive con asesores especialistas si es un proyecto complejo— para definir las actividades, sus prioridades y restricciones, y luego fijar su implantación en tiempo y utilización de recursos de forma real. La práctica demuestra que muchas de las desviaciones y fallas en la planificación provienen de una equivocada elaboración del cronograma, por no tomar en cuenta los factores de incertidumbre en la implantación en tiempo y en la utilización de recursos de las diferentes actividades.

Recomiendo a los gerentes adiestrarse y lograr destrezas en el manejo de herramientas de programación de planificación (software), como el Microsoft Project o el programa Primavera de Oracle.

¿CUÁNDO HACER PLANIFICACIÓN ESTRATÉGICA?

Sobre el empleo de la planificación estratégica se han erigido muchas expectativas, que al final no son las correctas. Hoy la mayor parte de los gerentes hablan de hacer planificación estratégica, confundiéndola con la planificación ordinaria u operativa. Todo lo que concebimos para la realización de un proyecto, organizar una actividad o para el día a día de nuestra gestión es planificación operativa; el uso de la planificación estratégica es extraordinario y especial.

Como lo indiqué en el momento de conceptualizar la planificación estratégica, esta solo se implementa cuando queremos hacer cambios representativos en una organización o sistema para llevarlo de su objetivo actual a un nuevo y mejorado objetivo, donde por lógica habrá que crear una visión y misión nuevas, así como otros planes y estrategias de acción (ver capítulo 7). No obstante, este cambio no se produce por un capricho del sistema decisorio o de la autoridad máxima de la organización o dirección del sistema, sino por una situación actual de desviación del objetivo y de los planes originales, que hacen necesario tomar acciones extraordinarias y a veces de gran impacto para lograr el cambio. El objetivo que demanda la aplicación de una planificación estratégica será esencialmente muy diferente al originalmente fijado. Podría indicar como ejemplo la transformación que requiere una empresa para cambiar su mercado de un país a otro.

En lo personal, considero que la planificación estratégica no es un asunto de la gerencia; es y será obligatoriamente una actividad de la dirección y debemos tener mucha cautela y no confundirla con la planificación operativa.

¿CÓMO HACER PLANIFICACIÓN ESTRATÉGICA?

Entre las principales actividades previas a la planificación estratégica está el estudio de los resultados de la aplicación de la matriz FODA, cuadro de cuatro cuadrantes que describe las fortalezas, debilidades, oportunidades y amenazas de la organización, empresa o sistema a cambiar. Esta herramienta para la planificación estratégica analiza primero las fortalezas y debilidades, que son los factores internos que podrían ayudar al cambio o que probablemente influyeron en la desviación del objetivo original, para así hacer desaparecer o convertir las debilidades representativas en fortalezas. Lo mismo ocurre con el estudio de las oportunidades y amenazas, que son los factores externos de la organización o sistema. En el caso de una empresa, las amenazas podrían ser factores macroeconómicos, como la inflación o unos exagerados controles oficiales; también se podría catalogar como una amenaza la falta de financiamiento bancario por restricciones de liquidez monetaria cuando se buscan recursos económicos para financiar el cambio de visión y misión. Podríamos considerar como una oportunidad la apertura de un nuevo mercado por la firma de un convenio entre países.

La identificación efectiva de debilidades y fortalezas es un factor muy importante para una planificación estratégica porque evita la utilización de recursos en la conversión de posibles debilidades en fortalezas, cuando las mismas no lo son o cuando no importa su conversión porque no resultan determinantes para los cambios a realizar.

Es importante reseñar que es probable que los cambios a realizarse al interior de la empresa puedan ser controlados por el empresario y su directiva, sin necesidad de recurrir a la planificación estratégica; sin embargo, los cambios en los factores externos, que no están bajo el control de la empresa, sí requerirán de este tipo de planificación para poder eludir tales factores y así evitar que afecten la gestión de la empresa.

También debemos tener presente que las acciones a tomar en la planificación estratégica serán trascendentales, pues representan cambios de paradigmas —inclusive aplicando criterios de innovación—, que tendrán un alto significado para el orden a planificar. Tales acciones implican un nuevo orden, por lo que parte del análisis a realizar incluye la posibilidad de que exista reticencia o resistencia personal a los cambios.

Mi recomendación para el establecimiento de un programa de planificación estratégica en una organización, en el caso de que sea catalogado como una necesidad por la Junta Directiva, es que su diseño y dirección sean encomendados a un profesional experto, ajeno a la organización y sin vínculos con el sistema a cambiar ni con las actividades que produjeron las desviaciones que crearon la necesidad de implementar la planificación estratégica.

d. Cultura de la innovación

Es importante que el empresario, en su actuación como gerente, entienda la importancia de la innovación como herramienta de renovación de productos, mercados y procedimientos. También en su rol de directivo, en las etapas maduras de su empresa, cuando tenga la necesidad de diversificar el negocio, deberá utilizar la innovación y reingeniería para la búsqueda, diseño e implantación de la diversificación del negocio en cualquiera de sus formas (producto, mercado, procedimientos, etc.). De allí la necesidad de mantener una cultura de innovación en la empresa, la cual tiene cuatro normas básicas de aplicación:

- Tener conocimiento claro de cómo hacer de la innovación una disciplina.

- Conocer el aporte de valor que la ingeniería brinda a la innovación.

- Conocer los pasos más importantes para hacer innovación.
- Simular el proceso de la innovación para demostrar su éxito.

En el sentido más específico de la palabra, la «innovación» es entendida como la renovación científica y tecnológicamente aplicada para lograr el mejoramiento de un producto, procedimiento o negocio; inclusive se puede aplicar a la cultura, a la música o a un proyecto de vida, entre otros propósitos importantes. Es preciso aclarar que para llevar a cabo la innovación debe existir una creación previa (producto, procedimiento o negocio en el caso corporativo). Es decir, que deberíamos tener con antelación una empresa, un negocio, un producto o un proyecto de vida que, de acuerdo con los objetivos y planes establecidos, hayan llegado a su meta final, tengan tendencia a agotarse o se hayan desviado de tal forma que ninguna acción correctiva pueda reencauzarlos.

PROCESOS ORIGINARIOS Y PROCESOS DE INNOVACIÓN

El «proceso originario» viene de un descubrimiento o de la respuesta a una necesidad, como el bombillo, el telégrafo, la rueda, etc., mientras que el «proceso innovador» es el derivado del agotamiento y/o de la mejora continua del producto del proceso originario: del telégrafo derivó el teléfono y así hasta nuestros tiempos con el teléfono móvil; de la innovación y aplicación de la rueda derivaron la carreta y el vehículo autopropulsado actual.

PRECEPTOS BÁSICOS DE LA INNOVACIÓN

- Solo existe innovación si hay resultados exitosos.

• No debe confundirse investigación y desarrollo con innovación. La innovación es la consecuencia de la implementación exitosa de los resultados de la investigación y el desarrollo.

• La innovación no será una actividad casual; esta se debe establecer en el momento en que se requiera la renovación, transformación o evolución de un producto, proceso industrial o negocio por su obsolescencia, ineficiencia o el agotamiento del modelo económico o tecnológico originario.

Mitos de la innovación, según lo planteado por J. Rao y F. Chuán en su libro *Innovación 2.0*

• **La innovación es invención.** No, la invención es un proceso originario y la innovación es un proceso renovador.

• **La innovación es solo para los de I&D.** Está confirmado que no solo de la investigación y desarrollo se obtiene innovación, pues muchos de los mejoramientos de procesos culturales y proyectos de vida, aunque no son procesos casuales, no provienen de laboratorios.

• **La innovación es un asunto únicamente de producto o la innovación es desarrollar productos nuevos.** No, como lo hemos mencionado, muchos aspectos ideológicos, culturales e inclusive políticos provienen de la innovación.

• **La innovación no funciona en mi empresa.** Los empresarios y directivos deben abocarse a conocer profundamente los temas de innovación y se enterarán de lo extraordinaria que resulta esta herramienta en la empresa.

• **La innovación no funciona en mi país.** Aunque se piense que la cultura de un país no está desarrollada para un proceso de innovación, es donde habrá más oportunidad de hacerlo.

• **La innovación es cara.** La innovación no es cara, pero sí hay que aclarar que tiene sus costos, pero los beneficios se acrecientan y hacen que las inversiones se recuperen en un periodo mucho menor que los procesos normales.

• **La innovación es darle un porcentaje de tiempo libre a nuestro RR.HH para que sea creativo.** La innovación es un proceso específico y, como lo hemos repetido, no debe aplicarse de manera casual.

LOS ENEMIGOS DE LA INNOVACIÓN

• Resistencia al cambio.

• Temor a salir de la zona de confort.

• Leyes y resoluciones oficiales que desmotivan las inversiones en desarrollo e investigación.

• Falta de conocimiento claro sobre el tema.

• Una cultura empresarial obsoleta y caduca, la falta de constancia, no tener visión y misión claras y la carencia de una cultura de innovación.

• Pensar que la innovación es sinónimo de complejidad.

Nota.
Fuentes: Harvard Business Review, Alessandro Di Fiore, ideaselife.com, barrixe.com

¿POR QUÉ Y CUÁNDO HACER INNOVACIÓN?

En el plan de una creación originaria —y como ejemplo propongo una empresa— debemos fijar en tiempo y cumplimiento de objetivos varias actividades, las cuales, desde nuestro rol de empresario y/o directivo, supervisaremos y auditaremos continuamente para saber si las mismas están desarrollándose tal como las hemos diseñado, proyectado e implantado. Si en ese seguimiento encontramos desviaciones, como la falta prolongada de eficiencia en las finanzas o ganancias de la empresa, desgaste u obsolescencia de los productos y/o procesos productivos, la pérdida constante de mercados, entre las más importantes, será necesario emprender acciones correctivas para redirigirlas a lo originalmente proyectado, cambiar el proyecto de negocio por otro o hacer innovación.

¿CÓMO HACER INNOVACIÓN?

Ahora bien, si con esas acciones no logramos corregir las desviaciones, y los objetivos planteados inicialmente son imprescindibles para la empresa, se impone aplicar innovación para lograr las metas establecidas originalmente, pero con otro procedimiento o proceso. Para ello deberemos seguir los siguientes pasos:

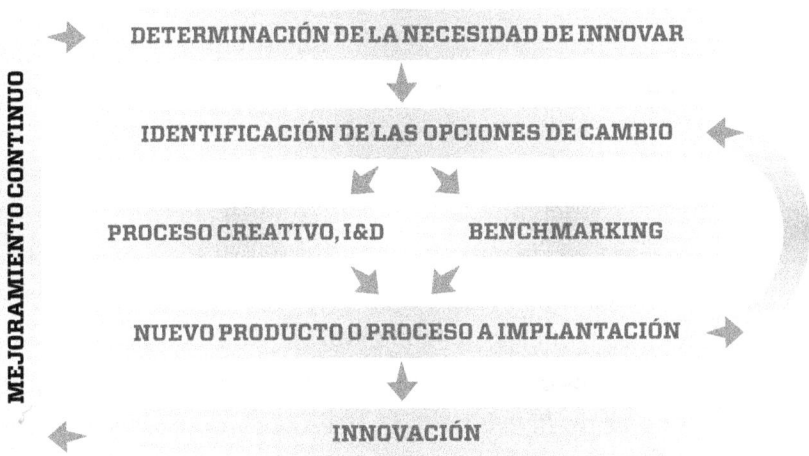

a. Se determina la necesidad de innovar (lo que obviamente es responsabilidad de los directivos). Aquí se fijan pautas, se forma el equipo humano para desarrollarla y se establecen los parámetros de tiempo y recursos; b. Se identifican las opciones de cambio. En este punto es importante que se fijen nuevos paradigmas para el análisis de las opciones; aquí se desarrollarán procesos creativos mediante la investigación y el desarrollo —en caso de productos y/o procesos— o se utilizará el proceso de *Benchmarking*, término que significa buscar lo mejor de lo que ya existe; c. Se desarrolla el nuevo proceso y/o producto y se preparan las pautas para su implantación; d. Una vez implantado, se mide el impacto y si se logra lo previsto se ha alcanzado el objetivo de innovación; pero si los análisis de la implantación determinan que aún no se ha alcanzado, hay que volver a la fase de identificación de las opciones de cambio (b); e. Una vez lograda la innovación, se realizará un seguimiento permanente para corregir y/o mejorar continuamente el producto y/o proceso; pero si en el futuro volvemos a las condiciones iniciales de desviación o agotamiento del modelo planteado, debemos emprender otro proceso de innovación.

El *Benchmarking* es una técnica que se emplea para comparar los productos y/o procesos de una organización con los de otras organizaciones similares, con la finalidad de estudiar las formas de mejorar dichos procesos en la propia organización. Es un acercamiento sistemático utilizado para identificar «las mejores prácticas»; una técnica que permite aprender sobre los éxitos de otros en un área en la cual el equipo está tratando de introducir mejoras. Considero que el proceso de *Benchmarking* representa una ventaja porque es menos costoso y es asequible. Es necesario saber que aplicar técnicas de *Benchmarking* puede representar costos asociados con la compra o licenciamiento de propiedad intelectual.

Entonces, ¿cuándo debemos innovar? Como lo indiqué anteriormente: cuando un producto se vuelve obsoleto, cuando un proceso se vuelve ineficaz, cuando una empresa se vuelve inviable financieramente, no produce renta a sus accionistas y su gestión se vuelve infructuosa, ha llegado el momento de innovar. Un parámetro para todo lo anterior es el agotamiento de los planes, de los capitales, de la imagen corporativa o, como hemos dicho, la obsolescencia de un producto; incluso la competencia corporativa a veces marca la pauta de la innovación.

PROCESOS ORIGINARIOS Y PROCESOS DE INNOVACIÓN

Los paradigmas son creencias, valores y maneras de concebir el mundo que le aportan un patrón a nuestra visión de las cosas. Es importante saber que mientras no llevemos a cero nuestros paradigmas sobre el producto o proceso a cambiar —que equivale a no tener filtros que nos impidan crear un nuevo modelo u orden al respecto— no podremos hacer innovación. También son formas de actuar, rutinas y modelos de comportamiento. Algunos paradigmas resultan útiles cuando tienen «efectos positivos», como en el caso del orden, la disciplina y los métodos en el trabajo; en cambio, hay otros que tienen «efectos negativos», cuando nos encajonan, nos robotizan y nos impiden ver la necesidad de analizar y actuar de manera diferente a como estamos acostumbrados. Joel Barker, un académico, autor futurista y estudioso de la innovación y los paradigmas de los años 1990, señala que estos tienden a convertirse en moldes inflexibles. Las personas flexibles en sus paradigmas pueden advertir los cambios y tener visión del futuro, ya que son capaces de romper con sus viejos modelos para construir unos nuevos. Según Barker, es difícil cambiar un paradigma, y nosotros nos preguntamos, ¿qué sucede cuando hay un cambio de paradigma?, ¿cuándo hay que buscar los cambios?, ¿quiénes traen los cambios? y sobre todo, ¿cómo capitalizar cuando ese cambio ocurre? ¿Realmente creemos que una organización puede seguir floreciendo cuando cambian las reglas que le han aportado el éxito? Inevitablemente los cambios son difíciles y también lo es establecer nuevas ideas o técnicas, puesto que existe el temor y el riesgo de una posible equivocación.

LA INNOVACIÓN Y EL MEJORAMIENTO CONTINUO

El mejoramiento continuo es un factor imprescindible en el proceso de innovación, puesto que implica una auditoría —también continua— que nos indica cuándo un producto, proceso o negocio debe ser innovado. El mejoramiento continuo es un patrón estable de actividad colectiva mediante el cual la organización genera y modifica sistemáticamente sus rutinas de operación con el fin de perfeccionar su efectividad. (Fuente del último párrafo: www. cei-formacion.es/Glosario/G_Laboral_RRHH_PRL.html).

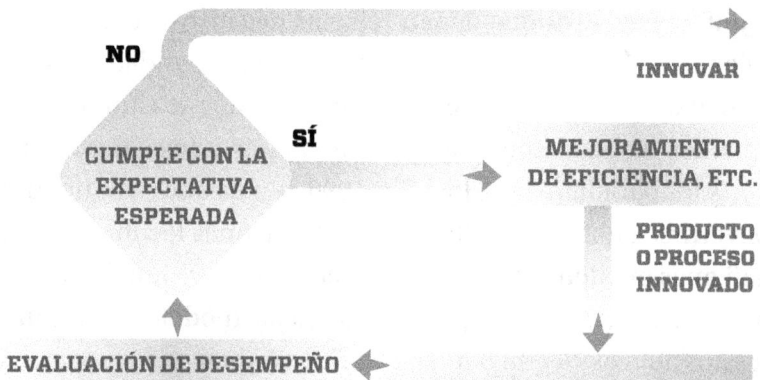

NO

INNOVAR

CUMPLE CON LA EXPECTATIVA ESPERADA

SÍ

MEJORAMIENTO DE EFICIENCIA, ETC.

PRODUCTO O PROCESO INNOVADO

EVALUACIÓN DE DESEMPEÑO

Separándolo específicamente del concepto de innovación, se considera que el mejoramiento continuo es el reto permanente de una organización, proceso o producto que tiende a ser perfectible en el tiempo y que aspira a una alta eficiencia y competitividad.

INNOVACIÓN RADICAL

MEJORAMIENTO - INNOVACIÓN
(RENDIMIENTO CREATIVO)

MEJORAMIENTO CONTINUO
INNOVACIÓN INCREMENTAL

NO HACER NADA
(PUEDE LLEGAR AL AGOTAMIENTO DE OPCIONES)

TIEMPO

En su famoso libro *Innovación 2.0*, Jay Rao y Fran Chuán sostienen que el mejoramiento continuo causa sobre el proceso o producto innovado lo que podríamos denominar una innovación incremental (ver gráfico anterior) que optimiza su desempeño en el tiempo; sin embargo, cuando se aplica una innovación radical cambian las características y se incrementa de manera sustancial el rendimiento creativo del producto o proceso.

REINGENIERÍA DE PRODUCTOS Y PROCESOS DE NEGOCIOS

Tomando en cuenta que la reingeniería es materia de la innovación, la catalogo como un rediseño radical y/o la re-concepción de los procesos de negocios o productos de una empresa, con la finalidad de introducir mejoras sustanciales en aspectos como costos, calidad, servicio y rapidez para incrementar las capacidades de gestión del nivel operativo. Es un modo planificado de establecer secuencias nuevas e interacciones novedosas en los procesos administrativos, regulativos y sustantivos, con la pretensión de elevar la eficiencia, la eficacia y la productividad de la red de producción. A modo de ejemplo, señalamos de manera referencial algunas de las ventajas de la reingeniería de procesos:

- Permite establecer indicadores de gestión para los procesos básicos de la organización e indicadores de resultados.

- Simplifica y estandariza los flujos de operación.

- Controla las interfaces entre procesos o entre operaciones de un mismo proceso, suprimiendo espacios no productivos.

- Elimina las actividades sin valor agregado y optimiza los flujos de información.

- Mejora la calidad del servicio y normaliza las mediciones de desempeños organizacionales e individuales.

La aplicación de la reingeniería de procesos o de negocios (específica para una organización o empresa), tal como lo indiqué para los procesos de planificación estratégica, deberá ser diseñada por el sistema decisorio de más alto nivel en la empresa y manejada por expertos en la materia. (Fuentes y referencias: http://www.gestiopolis.com/reingenieria-gestion-procesos, por Néstor Zamarripa Belmares; www.es.wikipedia.org, y el libro *Reingeniería de procesos*, de María Alameda Santiago.).

LA PROPIEDAD INTELECTUAL Y LA INNOVACIÓN TECNOLÓGICA

Cuando hablamos de innovación obligatoriamente debemos tomar en cuenta los compromisos sobre la propiedad intelectual que se relaciona con las creaciones —exitosas o no— de la mente humana: invenciones, obras literarias y artísticas, así como símbolos, nombres e imágenes utilizados en el comercio. Las legislaciones de cada país protegen la propiedad intelectual mediante las patentes, el derecho de autor y las marcas, que permiten obtener reconocimiento o ganancias por las invenciones o creaciones. Al equilibrar el interés de los innovadores y el interés público, el sistema de propiedad intelectual procura fomentar un entorno propicio para que prosperen la creatividad y la innovación.

La propiedad de la innovación tecnológica pertenece en parte al propietario originario de la tecnología y a los creadores de la innovación como tales; no obstante, dado que en la innovación tecnológica intervienen muchas fases, en el proceso de desagregación se fijarán los porcentajes de responsabilidades que corresponden a cada fase y a cada persona —desarrolladores, creadores e investigadores— para determinar su cuota-parte de regalía. Inclusive, es probable que la empresa promotora, financista y auspiciante de la innovación, por ser propietaria del producto o proceso creado originalmente, tenga una participación mayor. En todo caso, antes de comenzar las actividades de la innovación se deberán realizar los convenios de explotación y pago de regalías vinculados a los resultados.

Conclusión del capítulo 8

El novel emprendedor ya tiene definido su comportamiento como empresario y cada experiencia de negocios favorece su desempeño, pero cuando se ejerce la gerencia de una empresa, lo que implica primordialmente la administración del recurso humano, la elaboración y seguimiento de planes operativos, así como de los procesos técnico-tecnológicos que complementan la gestión empresarial, se necesitan ciertas competencias propias de un gerente moderno, como el liderazgo, la comunicación asertiva, la planificación y la innovación; todo esto acompañado de algunos rasgos de personalidad y del ejercicio de conductas que ayudarán a adquirir y mejorar estas competencias. También se describen de manera referencial los estilos de gerencia y los valores éticos involucrados en la misión gerencial, para que el novel empresario seleccione e identifique las posibles desviaciones y desarrolle las acciones correctivas para mejorar el estilo de gestionar su empresa.

Capítulo

9

EL EMPRESARIO Y EL PODER

«El abusivo y despótico uso del poder, así sea el poder
económico logrado por el sano esfuerzo propio o por el
éxito de una realización personal alcanzada con mucha
perseverancia, hace de un empresario un autócrata
dominador, lo que no le traerá ningún bienestar a futuro».

Deseo aclarar que mi apreciación e interpretación de lo descrito en este capítulo no tiene la intención de ser una guía psicológica o personal para el empresario. El propósito principal es hacer referencia a experiencias personales propias y conocidas de otros empresarios, que puedan servir de muestras y modelos para contribuir a que el uso del poder ostentado por el empresario sea utilizado de la manera más saludable y favorable para él y su empresa. Todo lo expuesto aquí concierne única, exclusiva y específicamente a la actividad empresarial y a su entorno.

Poder y autoridad no significan lo mismo. La diferencia radica en que «autoridad» es el reconocimiento del poder legítimo, es la condición de los miembros de la organización empresarial que ocupan una posición de jerarquía, de derecho —según los documentos mercantiles que le acreditan la propiedad de la empresa—, o de hecho —liderazgo—. La autoridad es la atribución que tienen algunas personas de la organización para tomar decisiones, dar órdenes y hacer que estas se cumplan; es el derecho a controlar a las personas involucradas, el presupuesto, las finanzas, la información, la tecnología, los equipos y los materiales de las organizaciones. (Último párrafo según artículo en línea «Liderazgo empresarial», de Pedro Manuel Zayas A. y Niurka Cabrera Ferreiro). El «poder», en cambio, es el ejercicio de la autoridad de acuerdo con el grado o tipo de influencia, ya sea económica, de liderazgo, gremial, coercitiva o idealista. Es la capacidad de tener ascendencia sobre las personas con la finalidad de lograr un objetivo.

De acuerdo con mis observaciones y análisis de las empresas y los empresarios —incluyendo las experiencias propias—, he apreciado que el ejercicio del poder en la organización tiene dos tipos de percepciones: una objetiva y explícita, y otra subjetiva y tácita. Digo que son percepciones porque el poder existe efectivamente solo cuando se logra el cumplimiento de las imposiciones que se hacen desde su ejercicio.

La percepción objetiva del poder lo legitima o valida de forma manifiesta, e implica el cumplimiento de las instrucciones, disposiciones y órdenes para realizar la gestión y sus metas. Tiene que ver con el poder económico y el poder de liderazgo del empresario; esta categoría incluye también el poder que les confiere a los gerentes la autoridad delegada. El acatamiento de instrucciones, órdenes y procedimientos se logra mediante el ejercicio del poder objetivo; se entiende que los subordinados cumplen con sus responsabilidades porque su jefe tiene el poder para lograrlo. En otras palabras, el poder de los jefes sobre sus subordinados hace que la organización de la empresa funcione y logre la gestión propuesta. Es un poder que se puede calificar de positivo o favorable. Este tipo de percepción del poder se puede asociar a actividades como guiar, influir, persuadir o vender, e incluso puede llegar a ser constructivo. (Último párrafo según Emans, Munduate, Klaver y Van de Vliert, 2003, citado en artículo en línea de Marta Ruiz Marín, licenciada y doctora en Psicología).

La percepción subjetiva del poder es sobreentendida y, aunque no se asume explícitamente como poder legítimo, también implica el cumplimiento de órdenes e instrucciones impartidas por aquellas personas que no tienen la autoridad otorgada. Este tipo de poder es el que poseen un dirigente sindical o un empleado con influencia sobre algún jefe, o bien el que ejerce un familiar del empresario, sea o no empleado de la empresa, sobre las personas involucradas con la organización; este tipo de poder podría ser calificado en ocasiones como negativo o desfavorable. Pero también puede asociarse a términos como forzar, oprimir o hacer coerción; así pues, en este escenario, el poder resulta ambivalente, aunque la cara positiva o poder colectivo es el que prevalece en las empresas por encima de la cara más negativa o el poder competitivo, tal como han demostrado diversos estudios. (Último párrafo según Roberts, 1986, y Patchen, 1984, en artículo en línea de Marta Ruiz Marín, licenciada y doctora en Psicología).

Por otra parte, considero que en el ámbito empresarial el poder se fundamenta en tres criterios de aceptación básicos, los cuales hacen que las personas sometidas a su ejercicio respondan y reaccionen. Estos son: la dependencia, la coerción y la idealización.

De acuerdo con los fundamentos antes mencionados y las dos percepciones del poder descritas, hago la siguiente clasificación de los tipos de poderes en la empresa:

El poder legítimo

Es el que ejercen los investidos de autoridad y al que se someten todas las personas que trabajan para una empresa; es otorgado por la relación o contrato de trabajo, por el convenio de asociación o por el documento mercantil legalmente registrado, donde se refiere la relación de subordinación que debe tener parte de los involucrados. El criterio de aceptación es la dependencia.

El poder económico

Es el que otorga el manejar las diligencias y la gestión de las personas, fijándole un precio a su voluntad. Está dentro de la clasificación de los poderes coercitivos; no obstante, aunque en muchas ocasiones es utilizado para el logro de objetivos negativos, es un poder positivo, ya que logra que las personas hagan sus mayores esfuerzos y concreten objetivos que con otras motivaciones sería imposible alcanzar.

El poder experto

Es el que confieren el conocimiento y la experticia; está dentro de los poderes que operan bajo el criterio de aceptación por idealización. Es el que ostentan y aplican los maestros sobre sus alumnos, el tutor sobre sus discípulos o el investigador jefe sobre su equipo humano de alto nivel.

El poder sórdido

Lo denomino así porque es el tipo de poder más desfavorable, y es el que tienen algunas personas sobre otras en las empresas. Tiene su fundamento en la coerción y la finalidad de quien lo ejerce es lograr conseguir beneficios algunas veces deshonestos, o con intereses nada claros, pero siempre fuera del criterio legítimo del ejercicio del poder; es el más utilizado por los oportunistas de oficio. Es el que ejerce una empleada sobre su amante jefe o un empleado que conoce secretos de un empresario que no es honesto con sus socios o que engaña al fisco no declarando correctamente sus impuestos.

El poder político

Es el que surge de la idealización de quien lo ejerce por sus subordinados. El término «política» es universal y aplica a muchas actividades que involucran a personas, en este caso es la actividad corporativa. Un ejemplo de este poder en las empresas es el que tiene el líder sindical sobre sus compañeros de trabajo.

La empresa familiar y los conflictos de poder

Una solución organizacional a la que se recurre frecuentemente en todas las pequeñas y medianas empresas (Pymes) es la contratación como empleados de familiares del empresario. Por lo general, son sus hijos quienes asumen cargos comúnmente de gerencia sin estar debidamente preparados para esto. Podría decirse que el poder conferido por el empresario líder es lo único que los respalda para ejercer la gestión de la empresa, que en raras ocasiones resulta buena o eficiente. Deseo dejar claro que solo estoy de acuerdo con la formación de empresas familiares cuando la sociedad mercantil está bien definida y registrada legalmente; esto representa asignarles posicionamiento y responsabilidades en los documentos mercantiles de la empresa a los miembros de la familia que la constituyen. Estoy en total desacuerdo, porque no es una práctica favorable a la gestión empresarial, con que el empresario líder posicione a algún familiar dentro de la organización gerencial de la empresa de manera informal para aplicar su poder a través de esta persona, afectando en muchas ocasiones e irreversiblemente el ambiente organizacional. Habitualmente las empresas familiares son fundadas por el líder de la familia —único que aparece en los documentos mercantiles— y tácitamente se asume la intervención de los demás miembros directos, como esposa e hijos, quienes reclamarán derechos para participar y ejercer poder en posiciones gerenciales dentro de la estructura organizacional, lo que en contadas excepciones resulta favorable a la gestión de la empresa.

Mis experiencias conocidas en Pymes me han enseñado que únicamente cuando se asignan a familiares posiciones de dirección legalmente reconocidas —descritas en los documentos mercantiles—, inclusive cuando esto se comparte con otros socios no familiares, se puede reducir la posibilidad de que el poder conferido, además legítimo, se utilice de forma errónea; en caso contrario, lo más seguro es la debacle y el desorden interno. Ejemplo de ello es una empresa que conocí exitosa y floreciente, propiedad de cuatro socios familiares —sociedad debidamente legalizada—, pero después de unos cuantos años algunos de sus hijos se hicieron profesionales y cada uno de los dueños decidió de manera unilateral involucrarlos en la empresa asignándoles cargos gerenciales. Los otros socios, tal vez por no causar divergencias o por aprovechar la posibilidad futura de imponer a otros de sus familiares dentro de la empresa, lo permitieron; de esta manera, cada uno de los familiares impuestos se hizo de su cuota-parte de poder y lo manejaron a su antojo, causando un contradictorio y perjudicial ambiente de trabajo que produjo el éxodo de muchos empleados y profesionales excelentes y valiosos. Como consecuencia de esta práctica, la empresa perdió eficiencia y prestigio, y la disolución definitiva de la sociedad fue inminente con el cierre de la empresa.

Es obvio que incluir familiares cercanos del empresario se presenta como una solución a los problemas de contratación de personal de confianza, y quién con más derecho que los hijos o la esposa; no obstante, luego surgirán el conflicto de poderes, la falta de institucionalidad y la informalidad que darán origen a desviaciones que derivarán en problemas internos para la empresa, circunstancias que en todas las experiencias conocidas han causado el cierre o pérdida del negocio.

En el caso de que el visionario y emprendedor, al realizar su proyecto de empresa contemple como parte de este la inclusión formal de sus familiares en la sociedad, o si decide fundar su empresa como único accionista, pero más tarde, una vez que la misma esté consolidada, considera necesario incorporar a sus familiares como una medida de legar y transferir su herencia empresarial, deberá tomar las previsiones para que tan interesante solución pueda funcionar como lo hace la familia. Estas previsiones, en muchos casos, deben tomarse con antelación a la fundación y puesta en marcha de la empresa, porque una vez que estén incorporados será difícil hacer correctivos sin causar daños que pueden afectar de manera irreversible a la empresa y a la familia. Algunas de las previsiones más importantes son:

- La institucionalización y formalización de la empresa, inclusive con ingreso de familiares a la misma. En todas las oportunidades de análisis de la Pymes que realicé noté que tener definidas, escritas e implantadas la visión, la misión y los valores, además de las funciones, responsabilidades y perfiles de los empleados, era una formalidad lejana que los empresarios solo dejaban a las grandes empresas, lo que es totalmente erróneo y fue parte de la conclusión del capítulo 7. Dado que el empresario no maneja la empresa como una institución u organización y no tiene formalidad en la asignación de cargos, responsabilidades y funciones de los familiares, estos asumen equivocadamente posiciones en las que solo prevalece el poder otorgado por la filiación, y por no tener la experiencia necesaria comienzan las faltas y la insubordinación generando problemas en la gestión, en la organización y en el ambiente de trabajo.

- El manejo administrativo de los dineros de la empresa deberá ser claro y de manera financieramente sostenible. Aunque las finanzas de la empresa se manejen en familia, la administración deberá ser tan clara como cuando la llevan empleados ajenos a esta. Como premisa, cada miembro de la familia, comenzando por el empresario líder, tendrá su remuneración asignada y no utilizará la caja de la empresa como su banco personal; en palabras simples, todos devengarán sueldos como cualquier otro empleado. Asimismo, para casos de retiros extraordinarios de capital se establecerán reglas internas que los limiten o pauten; esto se puede hacer mediante comisiones, participaciones o adelantos de las ganancias de la empresa, tomando en cuenta la justa repartición de las mismas. No hacerlo de esta forma generaría desconfianza en los miembros de la familia que participan en la empresa, quienes después de dudar se confabularían para hacer que el dinero se reparta de otra forma, dejando a la empresa en medio de una vorágine de necesidades económicas de los socios, lo que probablemente la deprima en una escasez de fondos que le impida continuar con una gestión eficiente.

• La correcta y oportuna delegación de funciones y responsabilidades para evitar la dependencia excesiva del empresario líder. En muchas oportunidades, el ego del empresario no le permitirá ver una posible solución a los aprietos causados por el exceso de responsabilidades y querrá encargarse de todo porque cree que es el único que puede hacerlo. No preparar con antelación la delegación de funciones y responsabilidades en la empresa puede causar que, cuando sobrevengan las dificultades o necesidades, se delegue el poder de una forma intempestiva e inoportuna en el familiar menos adecuado, quien no lo sabrá manejar y creará situaciones como las que hemos conocido en empresas donde se han presentado este tipo de conflictos.

• Por último, la aplicación de una comunicación asertiva (ver capítulo 8) entre los miembros de la familia, comenzando por el empresario líder, será imprescindible para conocer de forma sincera lo que piensa cada uno de ellos y para buscar soluciones conjuntas a las dificultades. No usar discursos ocultos o campañas de intrigas entre los miembros de la familia, trabajen o no en la empresa, es un método diáfano de demostrar que se desea que en la empresa impere un ambiente agradable y favorable a su desarrollo y crecimiento exitoso. La comunicación asertiva entre los miembros de la familia que intervienen en la gestión de una empresa permitirá lograr una visión compartida que llevará a la empresa a ser eficiente y competitiva.

Desviaciones por el abuso del poder

Una de las formas de abuso de poder más comunes en las empresas ocurre cuando una persona que ha sido investida de un cargo o una función de mando utiliza en beneficio propio el poder que tal atribución comporta, en lugar de emplearlo para desarrollar correctamente sus funciones, responsabilidades y obligaciones en la empresa.

En mis estudios y observaciones detecté las dos desviaciones vinculadas al abuso de poder más frecuentemente arraigadas en las empresas, estas son: a. Aprovechar a subordinados para hacer negocios fuera de los límites de la empresa para su exclusivo beneficio y peculio, inclusive empleando recursos y equipos de la empresa, en una situación en la que el subordinado cumple las instrucciones del jefe por presión psicológica, temor a represalias o por ofrecimientos económicos que en oportunidades no son cumplidos, y b. Recibir favores sexuales de sus asistentes —en su mayoría mujeres— mediante el aprovechamiento y el abuso del poder coercitivo y del poder de la idealización, que induce a la asistente, por lo general joven e ingenua, a idealizar al jefe como su mentor y protector, y en consecuencia hace lo que este le pida. Otra desviación de abuso de poder menos frecuente en la empresa, pero que sucede, son las arbitrariedades en forma de presión y coerción de algunos compañeros de trabajo sobre otros para obtener beneficios económicos favorables por actividades que en casos tocan lo ilegal, como la complicidad para esconder actos de sabotaje a la empresa.

También se presenta, específicamente entre los socios o accionistas y reforzada por el poder económico, otra desviación perversa que es la colusión, en la que dos socios mayoritarios se confabulan para perjudicar a un tercero, con la finalidad de hacer que la empresa se declare en problemas económicos y financieros, y de esta manera disminuir el valor accionario para apoderarse de forma fraudulenta de las acciones del tercer socio o de los socios minoritarios.

Por otra parte y curiosamente noté que las empresas donde no se manifiesta o no se constata la práctica de abuso de poder son aquellas donde el empresario líder, los socios o los miembros del sistema directivo (Junta Directiva) no lo practican o no hay evidencia de ello; es obvio entonces que existe un modelaje cuando se vislumbran este tipo de desviaciones. En las empresas donde se confirmó la existencia de abuso de poder se pudo verificar que los gerentes y los supervisores de nivel medio eran los más proclives a esta práctica.

Conclusión del capítulo 9

El poder que entraña ser un empresario legítimo puede llegar a ser muy considerable, no solo por el poder económico o por el poder experto —como en los casos de Microsoft, Apple o Cisco, entre otros—, sino también por el poder político que se puede involucrar.

El ejercicio del poder y su uso para el bienestar propio, de la empresa y de la sociedad implica una altísima responsabilidad para el empresario, quien debe saber emplearlo y al mismo tiempo supervisar correctamente a todos sus empleados para evitar los abusos que se cometen con el poder otorgado a gente que podría no merecerlo o que no lo sabe manejar.

En cuanto al poder de los familiares involucrados en la empresa, soy partidario de que estos participen exclusivamente en la dirección de la misma (Presidencia, Vicepresidencia o Directorio) y no en la gerencia o gestión, ya que, aunque se esté muy claro y definido en cuanto a las recomendaciones antes indicadas, en frecuentes ocasiones se podrían trasladar los problemas familiares al ámbito operativo y administrativo de la empresa, afectando su gestión de manera irreversible, o por el contrario llevarlos de la empresa al hogar.

Capítulo 10

EL EMPRESARIO
Y LA RESPONSABILIDAD

«Ostentar cualquier título necesariamente acarrea
responsabilidades, inclusive solo se hace merecedor de
un título quien ha cumplido con esas responsabilidades.
Tener el título de empresario significa haber cumplido
cabalmente con obligaciones laborales, sociales,
financieras y tributarias ineludibles».

Algunos dueños de empresas que se endosan el título de «empresarios» sin serlo creen que con solo pagar regularmente los salarios de sus trabajadores ya han cumplido con sus compromisos como empresarios, lo demás es obtener ganancias, y su prioridad solo será aumentar esa ganancia, además de que evitan desviarla a objetivos que no sean los exclusivamente personales. También suelen evadir el pago de los impuestos con la excusa de que los gobiernos no harán con estos lo necesario para arreglar los problemas del país o más concretamente los problemas que los afectan directamente a ellos. Por otra parte, el incumplimiento de las obligaciones financieras, o lo que es lo mismo no pagar a tiempo las deudas asumidas con bancos, suplidores y contratistas lleva al descrédito a muchas empresas, un perjuicio que se extiende por simple comparación a aquellas que actúan correctamente, las cuales caen dentro de las decisiones generales que toman los entes financieros, como otorgar créditos únicamente a «las que puedan ofrecer garantías reales» o las someten a «las condiciones que imponen los grandes suplidores de no dar crédito a ninguna empresa y exigir el pago adelantado de las compras».

Igualmente, en estas épocas de mucho desafuero e injusticia, los dueños de empresas no están pendientes de ayudar a su entorno directo y menos de la conservación del medio ambiente, aspectos que influyen en la percepción que tiene la comunidad de las empresas. Se ha comprobado que en la época contemporánea resulta determinante para el éxito empresarial la colaboración con la sociedad de su entorno, contribuyendo a cambiar muchas condiciones deficitarias de dichas comunidades. Acciones de esta naturaleza se traducen en reconocimiento y respeto hacia la empresa.

En este sentido, hay cuatro importantes responsabilidades que deben cumplir los empresarios. Estas son: la responsabilidad laboral, la social, la financiera y la fiscal. A continuación describo los factores más importantes y cómo lograrlos para hacer que tenga y le sea reconocida la condición de legítimo empresario por el cumplimiento de sus responsabilidades, esto como parte trascendente del éxito de su empresa:

La responsabilidad laboral

En la actualidad todas las tendencias sociológicas y psicológicas aplicadas a los ámbitos del trabajo y las empresas vinculan la responsabilidad laboral con la responsabilidad social del empresario, bajo la consideración de que el conglomerado de empleados de una empresa, así sea pequeña o mediana, constituye una sociedad, aun cuando la mayoría de las legislaciones nacionales separan lo laboral de lo social para que no se eludan las responsabilidades laborales que específicamente para el área del comercio —como sector productivo de un país— son más importantes que el de la responsabilidad social.

La Organización Internacional del Trabajo (OIT) considera incluso que la vinculación entre la responsabilidad laboral y la social del empresario es un vínculo tácito, ya que las consecuencias del manejo de lo social por parte de las empresas repercuten indirectamente de forma positiva o negativa en la vida de sus trabajadores. Es importante indicar que todas las legislaciones laborales reconocidas por este organismo de la Organización de las Naciones Unidas (ONU) coinciden en que la principal obligación del empleador es la defensa de los derechos de los trabajadores, como lo son, entre otros, un empleo y remuneración dignos, un ambiente de trabajo seguro y el bienestar laboral de él y su familia.

No obstante lo indicado anteriormente y en este caso separo los dos compromisos como tales —responsabilidad laboral y responsabilidad social—, me referiré a otros factores que forman parte de la responsabilidad laboral del empresario para con su recurso humano, cualquiera que sea el nivel jerárquico del RR.HH dentro de la empresa. Estos factores son:

a. Garantizar estabilidad laboral

Una empresa que está en constante desarrollo, que demuestra su crecimiento, implantación de nuevas ideas e innovaciones a sus clientes, empleados, suplidores y allegados o «grupo de interés» —*Stakeholders* por su nombre en inglés, como lo denomina el *Libro verde* de la Comisión Económica Europea— y como una consecuencia del éxito en sus mercados comerciales, debe garantizarle a todo su recurso humano la seguridad de sus empleos, y que su permanencia en la empresa depende única y exclusivamente del desempeño y de la voluntad del trabajador. Por otra parte, la habilidad del empresario para concretar negocios y hacer crecer a su empresa, aunque se piense que se trata solo de mejorar el rendimiento de su inversión, es esencialmente una responsabilidad para con el recurso humano; incluso es un asunto de estrategia, puesto que ayuda a mantener y/o reclutar trabajadores y profesionales competitivos, eficientes y valiosos para la organización.

b. Repartir parte de las ganancias de la empresa en forma equitativa y de acuerdo al esfuerzo

Demostrar al recurso humano que, de acuerdo con su desempeño y esfuerzo y logrando que sus actividades y la de sus subordinados sean lo más eficientes posible, se obtendrán mejores ganancias para la empresa es un criterio importante para el estímulo del negocio que muchos empresarios promueven entre su personal; sin embargo, luego habría que demostrar que tales ganancias se han repartido de forma equilibrada y justa entre los protagonistas, lo que hará fuerte a la empresa. Muchas legislaciones laborales en el mundo reconocen esto como el principio de las regalías o utilidades; no obstante, al estar limitadas por la remuneración básica del trabajador no causan el impacto deseado. De allí que sea necesario que el reparto se asuma como una especie de comisión o participación porcentual sobre las ventas o las ganancias de la empresa (bonos de productividad) y así convertirlo en un verdadero estímulo para el trabajador.

c. El compromiso de desarrollo personal

Toda persona proactiva e inteligente —que son las que nos convienen dentro de nuestras empresas— desea desarrollarse y crecer profesionalmente en un empleo. Aquellos trabajos o empresas que estancan en sus conocimientos a los trabajadores son rechazados y evitados por las personas. El empresario debe garantizar que todo trabajador desarrolle su conocimiento y sus habilidades, y esto solo se logra con el adiestramiento, la instrucción y el ejercicio de la experticia.

d. El modelaje positivo

Como se ha indicado en varios capítulos del libro, el empresario, como líder de su empresa, tiene la responsabilidad de demostrar que es un modelo favorable a seguir. Se ha confirmado psicológicamente que la conducta del empresario líder será imitada de manera directa o indirecta por sus subordinados. Tal como lo he señalado en otros apartes del libro, si el empresario demuestra una conducta deshonesta con sus clientes o en los tratos de negocios es probable que el empleado la imite dentro de la empresa. Por tanto, el empresario debe mantener un proceder incólume y obligarse a ser un modelo como empresario y/o gerente para sus subordinados.

La responsabilidad social

Es un aspecto que cada día adquiere más relevancia y está demostrado que el impacto de las empresas en la sociedad de su entorno trasciende al hecho de ofrecer empleos. El cuidado y mejoramiento del medio ambiente, la colaboración en la seguridad ciudadana y la contribución en el entrenamiento y la preparación de la gente son acciones que permiten a las empresas ejercer influencia en las comunidades de su entorno inmediato y su práctica ha mejorado la relación comunidad-empresa. Si bien muchas veces esas actividades son reseñadas como parte de las estrategias de mercadeo de la empresa y/o como una manera de reforzar su imagen corporativa, lo cierto es que la responsabilidad social se está reconociendo como un factor de desarrollo de la comunidad, la cual llega a identificarse con la empresa al punto de asumir su defensa en todos los sentidos.

El empresario moderno debe asumir la responsabilidad social empresarial como uno de los ejes de su actuación, que en este aspecto estará regida por las siguientes acciones prioritarias:

a. Esfuerzos solidarios y voluntariado

Al igual que otros autores, también soy un convencido de que la empresa debe desempeñar un papel importante en el desenvolvimiento de la vida de las personas, aun cuando formando parte de la comunidad no estén relacionadas directamente con el mercadeo o los productos de la misma. Las acciones solidarias a través de las cuales la empresa colabora en la elaboración e implementación de planes de seguridad o da instrucción y adiestramiento para mejorar habilidades y destrezas en ámbitos como la construcción, la prevención de enfermedades y el mismo entrenamiento en seguridad, entre otras, contribuyen a consolidar su prestigio y a lograr el reconocimiento de la comunidad, lo que abona el terreno para el desarrollo de actividades dirigidas a perfeccionar su imagen corporativa.

b. Mejoramiento y optimización del impacto positivo de la empresa sobre el medio ambiente

Todas las acciones que el empresario emprenda a favor de reducir el impacto negativo de su empresa o de otros factores externos a la misma sobre el medio ambiente también serán consideradas como un beneficio directo para sociedad de su entorno, inclusive con algunos criterios altruistas porque beneficiará a otros favoreciéndose también él. Las más importantes de las acciones a emprender, entre otras, son: reducción o mejor disposición de los desechos sólidos (basura), menor uso de papel, correcta y oportuna disposición de desechos líquidos y sólidos propensos a contaminar el medio ambiente, y reducir o ayudar a reducir los ruidos exagerados y molestos.

La responsabilidad financiera

Como lo indiqué en el capítulo 6, titulado «La riqueza», la administración adecuada del dinero y del poder que ostentan las personas que los poseen requiere de especial atención y un real compromiso, en este caso del empresario. Considero que constituyen una gran irresponsabilidad los abusos de poder económico cometidos por las personas que, disponiendo de dinero, por negligencia, desidia o por el simple deseo de molestar, dejan de pagar sus obligaciones con su personal, sus proveedores, contratistas y bancos. También es irresponsable la actitud de aquellos que, por mala administración o desviación del dinero a gastos suntuarios, no logran responder oportunamente a sus compromisos financieros. La responsabilidad financiera es uno de los indicadores que mayor legitimidad le aporta al empresario, y aquí aplica el dicho según el cual «El dinero no es la causa, solo será la consecuencia de haber tenido éxito en tus objetivos».

Considero que dos de los principios más importantes para demostrar responsabilidad financiera son:

a. Pago oportuno de las obligaciones financieras

Reconocer, planificar, programar y ejecutar con puntualidad el pago de las obligaciones financieras asumidas por la empresa es un criterio que no solo beneficiará la imagen corporativa sino que dará al empresario el convencimiento de que su empresa es seria, formal y exitosa. Muchos empresarios consideran que los retrasos en los pagos es un comportamiento sobreentendido y admitido por la mayoría de los acreedores —esto en algunos países de Latinoamérica—, pero es erróneo creer que todas las empresas actúan de esa forma; solo aquellos empresarios que lo hacen suponen que los demás también. La empresa acreedora formal y seria espera el pago de sus acreencias con puntualidad y proceden de la misma manera.

Si por alguna razón es necesario pagar con retraso algunas acreencias, se deberá llegar a un acuerdo con los acreedores y cumplir puntualmente con los nuevos periodos de pago convenidos, inclusive si por motivos adversos no se llega a tener el dinero proveniente de las ventas de la empresa para pagar esos compromisos, recomiendo no volver a hacer convenios, sino recurrir a la venta de activos de la empresa o a créditos bancarios de corto plazo para satisfacer dichas deudas. En todo caso, recomiendo que esto no se convierta en una conducta rutinaria.

b. Responsable administración del dinero

Es importante reconocer que el poder que otorga el dinero puede dislocar cualquier conducta por muy seria y responsable que sea, por lo que el empresario deberá estar pendiente de que esta tentación va de la mano con el poder económico. Como un principio para evitarlo se debe tener presente la prioridad de las obligaciones de pago que tienen las empresas: 1. El recurso humano y sus beneficios sociales; 2. Insumos y pagos de facilidades de las operaciones; 3. Los contratistas y subcontratistas; 4. Los proveedores; 5. Los bancos; 6. Las inversiones, y 7. Los beneficios a los accionistas. Como se puede ver, no hay espacio ni lugar para otro tipo de egresos, como los suntuarios, que deberán salir de las ganancias de los accionistas. El empresario no deberá utilizar la caja o el banco de la empresa como su banco personal.

La responsabilidad fiscal

El pago de impuestos, al menos que sea bajo la coacción de que se entrará en el límite de lo ilegal y que las consecuencias podrían ser las multas, el cierre de la empresa y en última instancia la cárcel, nunca será considerado por aquellas personas que se dicen llamar o usurpan la condición de empresarios sin serlo. El legítimo empresario no tiene problemas con los impuestos de su empresa ni con los propios porque siempre, en sus análisis y estudios de costos, están contemplados como una partida más que habrá que pagar oportunamente. El empresario está claro en cuanto a las adjudicaciones de dinero que le corresponden y aquellas que son obligaciones, inclusive está consciente de que los impuestos hay que pagarlos porque constituye la regalía o el derecho que le corresponde al Poder Ejecutivo (gobierno) de un país por permitir hacer negocios y ganar dinero en su territorio. Esto sin importar cómo se administrarán dichos impuestos y, aunque no se puede ser indiferente a su mal manejo, dejar de pagarlos no es la forma correcta de protestar. Una sociedad responsable paga sus impuestos, exige que se haga el mejor empleo de los mismos y, en caso contrario, reclamará el mal uso.

Algunas personas y dueños de empresas —no podemos llamarlos empresarios— no pagan o evaden los impuestos bajo la justificación de que no se emplean correctamente. A mi juicio, en un sinnúmero de casos esto se convierte en un círculo vicioso, en el cual, si no cumplo con mi obligación, no se hacen las cosas, pero si no se hacen las cosas no se arreglan los problemas y si no se arreglan los problemas busco la forma de evadir mis obligaciones porque no veo que los solucionen, y así sucesivamente. Al final, se trata de falsas justificaciones para no pagar los impuestos. En casi todos los países con sociedades organizadas y responsables, los gobiernos tienen el criterio de no coaccionar a las personas para que los paguen; los ciudadanos solo tienen la obligación de hacerlo y saben que la ilegalidad está fundamentada en que, al no pagar los impuestos sobre el dinero percibido, están haciendo uso inapropiado de fondos económicos que desde el momento de su ingreso pertenecen al país, por lo que las acusaciones pueden ir desde la evasión hasta la apropiación indebida de fondos públicos. Por la única razón que el legítimo empresario puede justificar el impago de sus impuestos es por un error o por una omisión, lo que podrá considerarse una eventualidad ante la cual deberá tomar las previsiones para no reincidir, asesorándose correctamente en materia impositiva.

Conclusión del capítulo 10

Creo, por propia experiencia, que el legítimo empresario no tendrá que hacer mucho esfuerzo para cumplir con las responsabilidades inherentes a la empresa como institución seria y formal; la responsabilidad laboral, la responsabilidad social, la responsabilidad financiera y la responsabilidad fiscal son parte de su formación y sus valores, y el cumplimiento de esas responsabilidades solo será una consecuencia automática de la aplicación de los mismos.

Capítulo

11

LA ÉTICA DEL EMPRESARIO

«Que un legítimo empresario sea ético en su actuación como tal y como persona está implícito en su ideal de vida; son los valores inculcados los que nos dan una respuesta inconsciente o instintiva en el manejo de nuestro comportamiento».

No conozco y creo que no existe empresario influyente que, en alguna oportunidad de su trayectoria como tal, no haya tenido que enfrentarse a la inquietud que le causaría decidir sobre su participación en un acuerdo comercial irregular o reñido con sus principios y valores. Quienes lo hacen, por lo general, alegan la sobrevivencia de la empresa y su compromiso de garantizar empleos como razones para actuar de manera irregular, como pagar comisiones o participaciones a personas vinculadas con la empresa o institución contratante sin que la beneficiaria del contrato cumpla con el mínimo de cualidades o los requisitos técnico-económicos para que le sea otorgado dicho contrato. Estas son las razones que se suelen esgrimir cuando se alude el tema, pero otros sencillamente sostienen que en países en desarrollo como los nuestros tales procedimientos forman parte del «sistema» y que si existe la necesidad de trabajar o producir hay que hacerlo. Suena destemplado, comprometido y hasta preocupante lo anteriormente indicado, y aunque en muchas oportunidades se dice que estas prácticas son típicas y casi exclusivas de países en desarrollo, no hay nada más erróneo, puesto que también lo hacen empresas de países desarrollados, las cuales incluso trasladan sus prácticas a los países en desarrollo aprovechándose de la falta de supervisión y auditorías de los organismos del Estado que deberían estar pendientes de que no se cometan.

No obstante, aunque tengamos la más imperiosa necesidad de buscar ventas y producir para mantener a flote nuestras empresas, no se puede atribuir a la desesperación del empresario el quebrantamiento de sus principios éticos al aceptar firmar un contrato de trabajo sin tener la experticia, capacidad técnica o financiera para hacerlo. Al respecto, me permito plantear dos preguntas: ¿Podría estar un legítimo empresario desesperado porque no tiene negocios que hacer? ¿Podría un legítimo empresario violar sus principios éticos por estas u otras razones de sobrevivencia? Mi respuesta categórica es que no creo que un empresario a cabalidad pueda llegar a una situación de desesperación en los negocios y, por supuesto, tampoco violentará sus valores y principios, entrando en la ilegalidad, para salir de una situación difícil. No obstante, asegurar que un verdadero empresario, de acuerdo con los requisitos y las condiciones señalados en varios capítulos de este libro, no haya pasado por situaciones difíciles también es una gran falsedad.

Todos hemos padecido y probablemente pasaremos por situaciones de mucha o alguna dificultad, pero esto no significa que lleguemos a la desesperación o a cometer errores que nos conduzcan a caer en la ilegalidad para salvar a nuestra empresa. Esto lo afirmo porque el empresario tiene las habilidades y destrezas para analizar los ambientes económicos y financieros que le permiten monitorear sus proyecciones de negocios y el entorno macroeconómico, lo que le impedirá caer en situaciones de depresión económica profunda y, al mismo tiempo, tomar las medidas preventivas o correctivas cuando sean necesarias, las cuales es probable que impliquen esfuerzos y sacrificios que depriman sus negocios, pero en ningún caso significarán su cierre o cancelación. Un auténtico empresario siempre saldrá a flote de todas las depresiones económicas que se le puedan aparecer; puede que no sin alguna consecuencia —leve o grave—, pero ninguna tan significativa que represente un cambio en las metas originalmente trazadas en sus planes de negocios.

¿De qué principios y valores hablamos?

En el capítulo 7 me referí a los valores éticos más representativos del empresario y la empresa, los cuales, según los principios morales y de honestidad más difundidos e inculcados en nuestra enseñanza de familia y en la escuela básica, son: lealtad, excelencia, probidad, disciplina, puntualidad, orden, honestidad intelectual y profesional, y franqueza y sinceridad en las relaciones interpersonales. Todos ellos constituyen la ética empresarial.

Seguramente el lector se preguntará primero: ¿A qué escuelas, países y cultura se estará refiriendo?, y segundo: ¿Quién podría estar pendiente de aplicar esos valores morales? Antes de responder, deseo hacer una explicación breve de estos valores que, aunque no se crea, están implícitos en la enseñanza que recibimos de nuestros padres y maestros, así estos no los declaren explícitamente, como una condición necesaria a cumplir en su tarea de educarnos.

Nota.

Algunos de los conceptos indicados son de fuentes provenientes de bibliotecas virtuales online como: wikipedia.org, bligoo.com, definicio.de, significados.com; prezi.com, entre otras.

La lealtad

Es la devoción que una persona le merece y presta a otro individuo, institución o empresa, un valor que básicamente consiste en no darle la espalda a determinada persona o institución a los que se está unido por lazos de amistad o por alguna relación familiar, social o de negocios; es decir, es el cumplimiento de las leyes de la fidelidad, del honor, de la adhesión y el afecto por alguien o por algo. De forma subliminar los padres nos han inculcado este principio cuando nos indican la necesidad de ser solidarios con nuestros hermanos y familia; lo mismo sucede cuando pertenecemos a un equipo deportivo o a un grupo de trabajo escolar.

La excelencia

Exigirnos entregar lo mejor de nosotros es un signo inequívoco del criterio de excelencia; hacer todo lo que nos toca con calidad y orgullo es una de las virtudes que nos hará mejores personas. La exigencia de nuestros padres y maestros en que nuestras actividades sean realizadas de la mejor manera es lo que nos consolidará en nosotros uno de los valores más ventajosos en nuestra vida como empresarios.

La probidad

Es sinónimo de honradez e integridad, el ser honestos con nosotros mismos y con nuestra familia en el manejo de los dineros comunes, evitar distraerlo en gastos suntuarios o innecesarios, es el comienzo de la puesta en práctica del principio más importante en la formación de una empresa. En lo particular, considero que la probidad es la prueba o exigencia más importante a sortear en nuestra carrera para convertirnos en legítimos empresarios, y esto ocurre cuando sabemos cómo manejar y respetar nuestro propio dinero y el ajeno.

La disciplina, la puntualidad y el orden

La disciplina es la capacidad de enfocar los propios esfuerzos en conseguir un fin, si bien etimológicamente su propósito es amoldar el carácter y el comportamiento de un individuo para conseguir una eficiencia máxima en alguna labor. En su definición más simple, disciplina es la coordinación de actitudes con las cuales se instruye para desarrollar habilidades. La puntualidad es un reflejo del respeto al tiempo de los demás, ya que en una escuela y en la vida social llegar a tiempo es un signo de buena educación. La puntualidad es la característica de poder terminar una tarea requerida o satisfacer una obligación antes o en un plazo anteriormente señalado. El orden es un valor que se aprende en el hogar y nos acompaña para toda la vida. Cuando hablamos de orden no nos referimos solamente a la organización de las cosas materiales en nuestro hogar o espacio de trabajo, somos también ordenados en la forma en que conducimos nuestra vida, de organizar nuestras ideas y hasta en nuestra presentación personal. Estos tres valores están muy vinculados; no se puede ser ordenado sin tener disciplina y tampoco ser puntual sin ser ordenado. Desde nuestra niñez estamos recibiendo enseñanza e instrucción sobre estos valores de manera natural: la hora de levantarnos, la hora de llegar a la escuela, hacer nuestra tarea, ordenar nuestra habitación, mantener la disciplina cuando hay visitas en nuestra casa, etc.

La honestidad intelectual y profesional

El término honestidad hace referencia a una cualidad que se puede presentar solamente en los seres humanos, y que corresponde a una armonía entre las palabras que decimos y los comportamientos que tenemos. Se trata de una forma de vivir, que es considerada como un valor fundamental en la mayoría de los grupos sociales, ya que se aleja de la mentira o el engaño. Una persona honesta es aquella que naturalmente antepone actuar con la verdad y por la verdad, por sobre otro camino que eventualmente le pudiera generar un beneficio personal. La honestidad intelectual y profesional es considerada un culto a la verdad, el aprecio por la objetividad, y el desprecio por la falsedad y el engaño; la congruencia profesional será el término que se aplica más rigurosamente a este concepto.

La franqueza y sinceridad en las relaciones interpersonales

La franqueza es la actitud de alguien que expresa lo que piensa de manera clara y, de acuerdo con el politólogo argentino Enrique Aguilar, la sinceridad sería más bien un correlato moderado de la franqueza, o quizás es un mínimo indispensable de la franqueza. Como lo expresé en el capítulo 8, donde describo la «comunicación asertiva» como un principio ético de expresión sin engaño ni hipocresía, algunas personas evitan la franqueza como expresión de la verdad, porque dirán que hacerlo de esta forma podría evitar el desenlace de algo que, al demorarlo, se le podría sacar algún provecho, pero se puede demostrar que las consecuencias posteriores serían mucho más crueles comparativamente con una conclusión producto de una declaración realizada con franqueza diciendo las razones y motivos que la originaron, inclusive esto podría traer al final mucho respeto de los afectados hacia el interlocutor. Considero que la franqueza, como valor ético en las relaciones interpersonales, es el mejor procedimiento para ayudar a las personas a corregir sus defectos y salir de situaciones difíciles sin consecuencias desastrosas.

El cumplimiento de los valores anteriormente descritos se traduce en el comportamiento ético del empresario, lo que le reportará la valoración moral de su actuación como tal, esto dentro de un contexto universal de la conducta del bien sobre la del mal.

En cuanto a las preguntas atribuidas anteriormente a los lectores: ¿A qué escuelas, países y cultura se estará refiriendo? y ¿Quién podría estar pendiente de aplicar esos valores morales?, daré una sola respuesta para ambas interrogantes: son nuestros padres y maestros de forma directa quienes enseñan e imponen estos valores positivos de forma casi inadvertida; su forma de vida y sus costumbres —siempre buenas— son un ejemplo, porque, por más que se decida ser perverso y siniestro en la forma de pensar, sabemos que nuestros padres y maestros —que también son padres de familia— actúan de la mejor manera ante nuestros niños y hacen que ese proceder forme parte de los ejemplos que se necesitan para fijar esos valores. Lamentablemente, en ocasiones, durante su crecimiento y desarrollo como persona, aquel niño se puede desviar y asociarse a lo irregular e ilegal, pero ya será un asunto de la personalidad específica de cada individuo y del modelaje al cual fue sometido.

¿Qué desviaciones de los principios éticos debemos combatir?

Las consecuencias más señaladas, por no tener valores inculcados o por la desviación de los mismos y que las empresas y empresarios responsables deberán combatir, son las siguientes: a. La corrupción; b. El hostigamiento laboral; c. El hostigamiento sexual; d. La falta de lealtad a la empresa; e. La difamación, y f. El mercadeo engañoso.

De estas desviaciones de los valores éticos, que involucran por lo general a una empresa y obviamente a sus propietarios, la más controversial y contemporánea es la corrupción, que es la acción y el efecto de corromper (depravar, echar a perder, sobornar a alguien, pervertir, dañar). Aunque se afirma que la corrupción es una perversión de la ética de los negocios entre una empresa privada y una institución pública, en la actualidad se ha confirmado su deplorable presencia también en los negocios en los que participan exclusivamente empresas privadas. En la corrupción necesariamente juegan dos actores: el representante de la parte otorgante del negocio y el de la empresa que lo acepta a cambio de un pago, aunque siempre en la empresa aceptante la última palabra la tiene la más alta autoridad jerárquica de la empresa, por lo que la responsabilidad o no de intervenir es del empresario líder y de otros accionistas mayoritarios.

Aunque podría afirmar que el legítimo empresario no intervendría en una situación como la descrita, debo acotar que las circunstancias serán las que influyan en su decisión, pero lo que con certeza ocurrirá, como consecuencia de sus actos, es que no podrá recuperar la confianza que le tenían las personas involucradas o aquellos miembros de la empresa sin responsabilidad en el caso. Y esta sería la consecuencia más leve, puesto que su destino puede ser la cárcel.

Otra de las desviaciones de la ética también frecuente en el ámbito empresarial, sin importar la cultura a la que pertenezca, es la falta de lealtad de sus propietarios hacia la misma empresa. Cuando describimos la propiedad accionaria de una organización mediana o grande diremos que está conformada por varios accionistas, unos con mayor cantidad de acciones que otros, y por lo general es a uno de los mayores accionistas a quien se le asigna el título de «empresario líder», quien se encargará en el día a día del manejo de la empresa. Se han dado casos en los que uno o varios propietarios o socios han hecho negocios a partir de la empresa de forma individual, sin compartir con el resto de los accionistas las ganancias obtenidas, y en otras oportunidades ha sido el mismo Presidente o Director General el más vinculado en tales desviaciones. Otra modalidad de la falta de lealtad a la empresa son las conspiraciones e intrigas de parte de algunos accionistas para buscar desprestigiar la gestión del Presidente con el fin de provocar su destitución o, lo que es peor, la quiebra de la empresa.

Conclusión del capítulo 11

Siempre será una incertidumbre el comportamiento ético de un empresario ante las condiciones adversas de su empresa. Es probable que se desee tener una solución a los problemas más frecuentes ocasionados por la falta de valores en los propietarios de las empresas, pero como lo indiqué en el capítulo 9, dedicado al poder económico del empresario, lo que determinará una respuesta a este tipo de práctica es lo arraigado que estén los valores éticos y morales en el empresario líder y su compromiso para corregir las consecuencias de la desviación de los mismos. Aunque, pensando de forma muy subjetiva, no podré nunca justificar el comportamiento ético de una persona, y menos de un empresario, que esgrima, en algunos casos sarcásticamente, la expresión coloquial: «No hay mal que por bien no venga», como para justificar que tuvo que violar sus principios éticos, pero pudo salvar el negocio. Por otra parte, todos sabemos que mientras exista el deseo de superación y de logro personal sin un mínimo de esfuerzo o sin los méritos necesarios estaremos en escenarios propicios a estas desviaciones.

Considero que, aunque las empresas instituyan un código de conducta corporativo con valores muy precisos a cumplir y seleccionen a su recurso humano con la mayor rigurosidad, será únicamente la personalidad y la conducta de nosotros los empresarios y nuestro modelaje mediante un comportamiento signado por la credibilidad, la integridad y la honestidad, lo que podría minimizar la práctica de las desviaciones de los valores éticos en las empresas, en el empresario y en todo su equipo humano.

Capítulo

12

EL CONTROL Y LOS RESULTADOS

«El control sobre la gestión empresarial implica algo más que dar instrucciones y órdenes. Hacer proyecciones para establecer previsiones, revisar los indicadores del progreso de la gestión e interpretar los resultados para luego aplicar correctivos es un ciclo permanente de control y el más importante en la labor del empresario».

El control de la empresa

Con este capítulo no pretendo sustituir la asesoría profesional y experta que algunos empresarios pueden pagar. Mi deseo es orientarlo sobre la necesidad de no solo «contar las ganancias» de su empresa, sino la de hacer las proyecciones para que las mismas sean iguales o mayores en los años sucesivos; también advertirles que mucha de la información de la gestión contable, administrativa y operativa de las empresas no reflejan necesariamente la realidad y que utilizando los factores que le indico podrá tener una perspectiva y proyección más clara del futuro de su empresa. Cualquiera de los conceptos, factores o cálculos aquí descritos pueden ser ajustados, revisados y/o corregidos de acuerdo con la interpretación que tenga el empresario o su asesor al respecto.

Los requerimientos que desde el capítulo 1 describimos y que son de necesaria aplicación en la gestión del empresario, tanto en su rol de director como en el de gerente, hacen pensar que ser un legítimo empresario es muy complejo, y ciertamente el logro de las metas se presenta como de alta dificultad porque ya sabemos que no se trata solo de obtener ganancias económicas, sino también de cumplir con las responsabilidades laborales, sociales, financieras y fiscales. No obstante, un legítimo empresario no cumple únicamente con sus responsabilidades como tal, sino que espera obtener, gracias a sus esfuerzos e inversión, buenos resultados en su gestión.

La mayoría de los empresarios utiliza los resultados de los balances y estados financieros de la empresa como indicadores de lo que coloquialmente mencionamos «como anda el negocio», e inclusive reciben la asesoría de dudosos expertos en la materia, quienes no les muestran la realidad y tendencia de la gestión de la empresa, puesto que los resultados entregados son estadísticas de lo acontecido en materia contable, administrativa o financiera, lo que impide actuar de forma adecuada. Necesariamente el empresario deberá implementar sencillos procedimientos de control, que sean fáciles de llevar y que le permitan tomar medidas preventivas y correctivas oportunas cuando correspondan.

Como buen planificador, el empresario deberá constatar periódicamente la situación de la empresa debido a que las metas no solo se logran con una buena planificación e implementación, sino también con un buen control y auditoría. Es preciso supervisar todos los factores variables que estén a nuestro cargo y sean responsabilidad de la gestión de la empresa, y revisar constantemente los resultados para implementar con prontitud acciones preventivas o bien correctivas. Este control y sus resultados representan un ciclo de control-supervisión, que es una de las actividades más importantes de la gestión del empresario y uno de los principios de su éxito. Inclusive, ante aquellos factores que escapen a nuestro control, como la inflación o algunas disposiciones oficiales desfavorables, debemos tener una respuesta que nos permita esquivarlos y evitar que causen impactos significativos a la empresa.

El empresario no puede limitarse a hacer los negocios y una vez que los ha implementado abandonarlos a la suerte o pensar que, como los ha concebido de forma correcta y dentro de las pautas fijadas, se lograrán exitosamente sin control ni supervisión de su parte; por el contrario, debe ejercer un estricto control estadístico, administrativo y financiero con la observancia de vitales indicadores de gestión que le muestren fielmente los resultados parciales en el avance de los negocios.

Es importante aclarar que este ciclo de control-supervisión no sustituye el que debe ejercer la gerencia involucrada en los negocios de la empresa, así como tampoco reemplazar la labor de los asesores o consultores contables y financieros del empresario. El objetivo del mismo es que el empresario disponga de algunas herramientas sencillas que le permitan confirmar las apreciaciones y valoraciones realizadas por su sistema interno de contabilidad y auditorías operativas. Este proceso de control-supervisión es totalmente paralelo y sus resultados tienen obligatoriamente que coincidir con los obtenidos por el sistema gerencial y contable de la empresa.

Será necesario que el empresario entienda e interprete los términos de lo que he denominado «control del empresario», porque solo con hacer seguimiento a los resultados de los controles que se aplican normalmente en una empresa, como la contabilidad —que vigila su administración y eficiencia—, las auditorías de las operaciones y la comercialización, no logrará anticipar sus decisiones para salvaguardar los intereses empresariales, ya que ninguna de estas operaciones informa sobre los riesgos de desviación y probablemente cuando esta irregularidad se detecte será muy tarde para corregirla. Es imprescindible que el empresario maneje como rutina indicadores precisos que le permitan hacer proyecciones de comportamiento, compararlos con los escenarios del momento —para validarlos— y tomar las acciones con antelación. Este proceso de control-supervisión debe formar parte de la planificación del empresario y del rol que desempeña, y no se debe confundir con la planificación de la empresa. Los indicadores de control que aquí muestro son obtenidos de las mismas cifras internas de la empresa y, por haberlos utilizado durante muchos años, puedo garantizar que muestran la realidad objetiva y subjetiva de las tendencias en los números y la operatividad de la empresa.

El empresario también deberá comprender que el control involucra la sensibilidad de las personas que lo reciben, por lo que se requiere ser cortés y considerado durante este proceso, así como preciso, oportuno y directo, ya que el mismo necesitará información veraz que deben aportar las personas controladas y supervisadas. Asimismo, se recomienda que este requerimiento se aclare en el momento de la contratación y no cuando se realiza la actividad; inclusive, si ya se tiene personal gerencial contratado y se desea implantar un proceso de control de la gestión empresarial, se sugiere hacer reuniones y ciclos de instrucción para explicar a los involucrados el alcance y los objetivos que se persiguen con dicho control.

Una vez implantado, ese control deberá convertirse en una actividad permanente y jamás debe realizarse de manera compulsiva cuando se detecte una desviación; los supervisados —gerentes—, que por lo general son profesionales de alta calificación, deben conocer y sentir que la intención del control del empresario es contribuir con la optimización de la gestión de la empresa.

El control de la gestión empresarial o control del empresario debe abarcar cuatro escenarios dentro de la empresa, los cuales definirán los objetivos específicos y sus alcances. Estos escenarios son: a. El «financiero», que es el primero que se debe controlar y que involucra la eficiencia económica de la empresa, la correcta amortización de los capitales de inversión y la proyección futura de una nueva inversión; b. El «desempeño de la gestión», que comprende los resultados de las gestiones de la planificación, la calidad y las estadísticas, inclusive, hablando en términos actuales, como la gestión de activos estandarizada con la Norma ISO 55000:2014; c. El «desempeño de las operaciones», que implica la eficiencia operacional y otros procesos, como los de seguridad, higiene y ambiente del trabajo, y d. El «desempeño de los recursos humanos», referido, más que a su control y supervisión —que será responsabilidad de los gerentes de área—, al cuidado de un capital tan importante como el económico, que es el capital humano de la empresa, lo que se logrará con el análisis prospectivo de la probable rotación de personal y sus causas, la eficiencia productiva de cada uno, la posible subutilización del personal y la no correcta estimación (sobrestimación o subestimación) de la remuneración. De acuerdo con el tamaño de la empresa, el empresario puede delegar esta actividad en empleados que le reporten directamente y que no formen parte del *staff* administrativo, contable u operativo de la empresa.

Estableciendo los estándares de medición para el control

Para realizar el control será necesario que la información requerida esté codificada en forma de indicadores que serán interpretados solo por aquellas personas, entre ellas el empresario, que conozcan la intención de la misma y que será cifrada para que otros no tengan acceso a ella. Debemos recordar que toda la información que permita controlar la gestión empresarial es estratégica y que la forma de transmitirla debe ser segura. Los indicadores serán de gestión y de proyección. Los mismos se aplicarán a cada uno de los escenarios de control: a. El financiero; b. El desempeño de la gestión; c. El desempeño de las operaciones, y d. El desempeño de los recursos humanos.

Como aclaratoria, deseo explicar que un indicador de gestión es la información que refleja los resultados —favorables o desviaciones— de las acciones tomadas sobre actividades estratégicas o importantes de la empresa, y su seguimiento cronológico permite prever escenarios para evitar y eludir consecuencias desfavorables para la empresa en el futuro. Los indicadores de gestión para el control empresarial probablemente no serán diferentes a los de la gestión gerencial, no obstante, la interpretación de los mismos sí lo será. En cada una de las definiciones de los escenarios a controlar explico la diferencia entre la interpretación reglamentaria y la que deberá realizar el empresario.

Nota.
Algunos de los conceptos indicados son de fuentes provenientes de bibliotecas virtuales online como: wikipedia.org, bligoo.com, definicio.de, significados.com; prezi.com, entre otras.

a. El control de lo financiero

Siempre son los entes financieros —bancos—, a los cuales recurre el empresario para solicitar crédito, los que le informan la realidad de las «razones financieras de la empresa», porque, aunque se tenga un buen equipo de contaduría, siempre de parte de este habrá una intención de darle buenas noticias al empresario y, aun cuando la interpretación de los balances y estados de resultados sea desfavorable, en algunas ocasiones tratarán de arreglar su presentación para no causar desasosiego y preocupación. No obstante, el empresario debe estar claro en que los números y las partidas de los balances reflejan la realidad financiera de la empresa, inclusive cuando se desea «auditar al auditor»; no necesariamente se deben leer los balances, el empresario solo debe solicitar los montos de las partidas más importantes para analizar las razones financieras —las cuales señalaré más adelante—, y luego, por su cuenta, realizar los análisis de los siguientes aspectos: a. Razón de solvencia o liquidez; b. Razón de estabilidad o endeudamiento; c. Razón de productividad; d. Razón de rentabilidad, y e. Tendencia a la descapitalización.

Entre los riesgos financieros más importantes a detectar y controlar en una empresa tenemos: a. Que la inversión no tenga el rendimiento planificado por el empresario o los inversionistas; b. Que los impuestos a pagar estén mal calculados para perjuicio del empresario, y c. Que exista una tendencia a la descapitalización de la empresa.

Los indicadores financieros deberán ser revisados e interpretados mensualmente y la información sobre estos será responsabilidad del contador de la empresa. Tales indicadores son: Descripción del activo circulante (bancos, cuentas a cobrar, inventario de materias primas, producto terminado o en los procesos de producción, obras y servicios), y del pasivo circulante (cuentas a pagar proveedores, carga financiera, adelantos de clientes y cuentas a pagar a largo plazo). Los indicadores de proyección serán los obtenidos de los estados de resultados, que es la información que permite evaluar segmentos de las operaciones del negocio para determinar su contribución a las ganancias de la empresa y donde se especifica el capital real de la misma. A continuación explico:

1. Razón de solvencia o liquidez. Evalúa la capacidad para pagar el pasivo de corto plazo que tiene la empresa. Se calcula dividiendo el activo circulante (bancos, cuentas a cobrar, e inventarios en *stock* y el de obras o servicios en proceso, si es una empresa de servicio o de construcción) entre el pasivo circulante (obligaciones laborales y deudas de exigencia de corto plazo). El valor deberá ser igual o mayor al capital real de la empresa, y mientras más alto mejor. Sin embargo, con resultados favorables en este indicador las instituciones financieras hacen un análisis más exigente del índice de solvencia o liquidez porque se realiza el mismo cálculo sin incluir los inventarios —como si la empresa estuviese paralizada; es decir, no vende—, esto indica que la empresa, con lo que tiene en sus bancos más las cuentas por cobrar, puede afrontar sus compromisos de pago a corto plazo. Esto se denomina la prueba del «ácido financiero» y el resultado deberá ser lo más cercano a uno, lo que significa que la empresa por cada unidad de capital —dólares, pesos, bolívares— que adeuda tiene otra unidad de capital para cubrirla. Algunos analistas financieros sostienen que si el resultado es menor a 0,80 es probable que la empresa incumpla sus compromisos de pago; esta prueba también se conoce como «razón de liquidez», porque evalúa la capacidad de la empresa para convertir sus activos en dinero líquido —esto incluyendo los inventarios— para afrontar sus deudas.

2. Razón de estabilidad o endeudamiento. En la realidad contable de una empresa se comprueba que esta tiene estabilidad financiera y capacidad de endeudamiento cuando su capital está bien representado y descrito en los balances con respecto a las deudas de corto plazo que ha asumido. Esto se determina mediante la relación del capital que debe la empresa con el dinero que tienen los socios invertido (patrimonio neto); aquí la relación porcentual debe ser la más baja posible, pues una cercana a 100% indica que la empresa no podrá asumir el pago de su deuda corriente con el capital que tiene.

3. Razón de productividad. Indica la eficiencia de la empresa mediante una relación de las ventas con el capital utilizado para lograrlas. Es importante indicar que en este caso se habla de las ganancias obtenidas y se calcula como un índice porcentual utilizando el monto de las ventas menos los costos directos y los costos de administración entre el capital utilizado para lograrlas. La razón de productividad es un índice de esfuerzo financiero, que mientras más alto resulte porcentualmente hablando más favorable será la gestión productiva de la empresa.

4. Razón de rentabilidad. Es similar a la anterior, pero calculada con base en la ganancia de la empresa medida con respecto al capital real (patrimonio neto) de la misma. En este caso el resultado deberá ser un porcentaje mucho mayor al obtenido con la comparación de negocios más conservadores que el actual negocio de la empresa. Aquí debo admitir que los índices de rentabilidad se fijan de acuerdo con la macroeconomía de los países y nunca será igual la razón de rentabilidad de una empresa en un país con una economía estable y con baja inflación que en un país con alta inflación o dependiente de productos transables con precios muy volátiles desfavorables a su economía. El cálculo de la rentabilidad de una empresa debe medirse sobre las ganancias y el rendimiento de cada una de sus ventas, pero con respecto al capital real de la empresa y no sobre el monto anual de las ventas; esto significa que una empresa que gana el 2% sobre las ventas y tiene una rotación extraordinaria de sus inventarios (8 o 10 veces por mes), puede que anualmente obtenga un monto de ganancia muy superior al capital real, por lo que la empresa se ganará más del 100% del capital invertido para realizar las ventas (capital social) y será altamente rentable.

5. Tendencia a la descapitalización. En las empresas suelen mezclarse el capital de la misma con el capital del empresario en muchas ocasiones, una de estas es cuando la empresa tiene una necesidad puntual de recursos económicos y es cubierta con el dinero de las cuentas del empresario; luego este, cuando la empresa tiene liquidez, recupera el capital prestado, y aunque es una práctica muy válida, ya que dichos recursos son los más asequibles y relativamente sin costos, en la realidad puede ocultar una tendencia de la empresa a la descapitalización. No obstante, es totalmente contraproducente confundir ambos capitales. El empresario debe contar con parámetros de medición del capital patrimonial de su empresa, puesto que hay varias causas que hacen que el capital social de la empresa se deteriore. Una de ellas es la acumulación de pérdidas anuales no capitalizadas o restituidas por él o por los accionistas; otra es la toma de capital por parte del empresario como adelanto de las ganancias o como préstamo para alguna necesidad personal, y la última son los altos índices inflacionarios que pueden producir el desgaste paulatino del capital de la empresa, aspecto que atenta de manera determinante contra el desarrollo de la misma. El equivocado procedimiento de arreglar la descapitalización de la empresa cambiando algunos números en los estados de resultados, además de ser una táctica ilegal porque es un engaño a las instituciones privadas y públicas que requieren del análisis de los resultados financieros de la empresa, ofrecería una falsa percepción de seguridad al empresario y cuando aparezcan las consecuencias reales podría ser muy tarde y la recuperación de la empresa puede ser irreversible.

La descapitalización se hace evidente cuando el patrimonio neto como parte de los activos de la empresa medido en unidades de capital (dólares, pesos, bolívares) se hace negativo y el pasivo supera el activo, incluyendo el capital, y aunque la empresa continúe operando cae en lo que denominan los contadores una «quiebra técnica». Resulta obvio pensar que estas situaciones pueden ser solucionadas por el empresario inyectando capital, como lo describí al comienzo, pero la realidad es que deberá necesariamente convertir esos recursos inyectados en capitalización de la empresa. La tendencia a la descapitalización se pone en evidencia cuando se hace frecuente la necesidad de capital no asequible desde la caja o el banco de la empresa o por préstamos provenientes del sistema financiero. Los analistas bancarios determinan en los estados de resultados las tendencias a la descapitalización de las empresas y en muchas oportunidades niegan o reducen las cantidades de recursos que los bancos podrían prestar. El empresario debe estar atento a estas señales y aportar la solución, que será simplemente suministrar nuevos recursos económicos como capital. También es importante reseñar que los códigos de comercio de los países indican claramente las pautas para la determinación de las tendencias a la descapitalización; sin embargo, es el empresario quien debe tomar las decisiones para salvar la empresa, aun cuando ellas afecten su capital personal.

b. El control del desempeño de la gestión

Con respecto al desempeño en la gestión, el análisis de riesgos nos indica que los problemas pueden ser atribuidos a varios factores, algunos operativos y otros financieros; entre estos están: los retrasos en la producción, los retrasos en el desarrollo y avance de obras y/o servicios, el aumento de los costos por la ineficiencia económico-financiera o a la baja productividad por retrabajo debido a defectos de calidad; todos estos problemas tendrán como principal consecuencia la pérdida de espacios de mercado. Si la empresa dispone de un sistema de gestión de calidad, como el estandarizado por la Norma ISO-9001, se debe tomar en cuenta que la misma tiene guías y pautas para la elaboración de procesos que miden el desempeño, estos son denominados indicadores de gestión, los cuales analizan y dan alarmas en los factores más importantes y específicos para cada empresa según su sector. En cuanto a estos indicadores, menciono los más importantes y comunes en la mayoría de las empresas a efectos de la toma de acciones preventivas y/o correctivas; estos son: indicadores de mercadeo, que se determinan mediante una relación porcentual del monto mensual de todas las propuestas comerciales y la meta de venta, y para empresas comerciales será el monto de la cuota parte del mercado estimado potencialmente para las ventas y las ventas netas. Los porcentajes de los indicadores de mercadeo se fijan de acuerdo con el tipo de producto que ofrece la empresa, los cuales podemos clasificar en: productos de nicho (no hay o hay poca competencia), productos de marca (la marca y su popularidad hacen el mercado) y productos genéricos (donde la diferencia la hacen las ventajas competitivas de la empresa, no la del producto o la de la competencia). Como referencia de la relación porcentual entre las propuestas comerciales realizadas y las metas de ventas propuestas, y para poder ejercer una mejor labor de mercadeo y comercialización, los porcentajes más favorables son: para productos nicho, entre 50 y 70%; para productos de marca, entre 30 y 40%, y para productos genéricos, entre 10 y 20%. Lo indicado anteriormente funciona en aquellos casos en los que las metas de ventas son cifras fijadas al azar por el empresario; en muchas ocasiones se realiza así y esto es evidencia de una empresa sin una gestión organizada, además de que es una práctica errónea, porque las metas de ventas hay que fijarlas formal y analíticamente. Una forma práctica y segura de fijarla —los asesores económicos podrían ofrecer otros procedimientos para esto— es que el empresario cuantifique correctamente sus inventarios de mercancía, si es una empresa comercial de producción o reventa; o su inventario de horas/hombre de obras, si es de servicios o ingeniería, y luego, de acuerdo con el capital invertido, establecer el rendimiento esperado, fijar cuántas veces podría rotar ese inventario, y tomando en cuenta los costos administrativos, que no deben ser mayores al 20% de la venta —en empresas competitivas—, se obtiene una referencia para la meta de ventas. La relación más utilizada y cercana a la realidad es de 60% de costos directos, 20% de administración y 20% de ganancia; de esta última partida se deben descontar los imprevistos. Esto es un ejemplo de empresas con productos genéricos o empresas de construcción o servicios.

c. El desempeño de las operaciones

En cuanto a la ineficiencia económico-financiera o la baja productividad por problemas de retrabajo por baja calidad, lo cual podríamos calificar como una falla en el desempeño de las operaciones, los indicadores utilizados serán: a. La desviación del factor costo directo mayor al 5%, el cual se obtiene comparando el monto de costo directo proyectado en la propuesta comercial con el cálculo del costo ejecutado por el departamento de contabilidad o control de costos; b. El retraso en las fechas de cumplimiento descritas en el cronograma; esto, además de representar pérdidas económicas que repercuten en los costos directos, incide en la imagen y seriedad de la empresa. Un factor de retraso máximo equivalente al 10% del tiempo programado, podría ser permitido por el cliente, todo bajo notificaciones permanentes y justificando los motivos inherentes al retraso, y c. Igualmente se revisarán las desviaciones causadas por los problemas de seguridad, higiene y ambiente del trabajo, porque también afectan negativamente los costos directos de ejecución; este indicador se deberá llevar en forma de estadística. En estos tres indicadores debemos analizar si los problemas son externos a las operaciones, como, por ejemplo, si es responsabilidad del cliente o de la gestión comercial inicial debido al mal cálculo de los costos, materiales o de la planificación, o si obedece a una situación interna, ya sea por ineptitud o incapacidad de los ejecutantes, fallas de procura o falta de capital de trabajo. Necesariamente el empresario deberá tomar las decisiones para fijar responsabilidades y lograr valores favorables de estos indicadores.

d. El control del desempeño de los recursos humanos

El riesgo más importante originado por el mal desempeño en el reclutamiento, adiestramiento y manejo de los recursos humanos —riesgo que deberá ser necesariamente medido por el empresario—, es la pérdida y/o deterioro del capital humano. En la actualidad se entiende que las empresas tienen tres tipos de capitales de importancia: el financiero, el tecnológico y el humano; este último puede deteriorarse por causas que deben ser observadas con mucha diligencia por el empresario, una de ellas es la alta rotación de personal, lo que representaría una pérdida de la inversión realizada en preparación y adiestramiento; una deficiente continuidad operativa, en perjuicio de la seriedad y representatividad de la empresa por los cambios de interlocutor ante el cliente; además de afectar de forma irreversible el ambiente organizacional, porque no le da percepción de estabilidad al recurso humano. El indicador de medición de este factor es subjetivo, no tiene porcentaje o cuantificación numérica, aunque sugiero que el empresario debe conocer inicialmente su necesidad de horas/hombre —operativas, especializadas y administrativas— para el manejo equilibrado de su empresa; esto significa determinar cuántas personas requiere para cumplir con sus obligaciones sin tener retrasos o incumplimientos, y una vez que lo ha establecido, estar pendiente de cuántas personas del equipo humano renuncian, son despedidas o contratadas. Cuando existe una rotación muy elevada hay que plantearse las siguientes preguntas: ¿cuáles son las causas de esa rotación?, ¿cómo está afectando esa rotación las actividades de la empresa?, ¿cómo se sienten los empleados en esos puestos de trabajo?, ¿los salarios son lo suficientemente atractivos?, ¿se está exigiendo más de lo que se espera que una persona pueda rendir?, ¿cómo está impactando la imagen corporativa de la empresa?, etc. Todas esas preguntas deben analizarse con cuidado y buscar las soluciones adecuadas. (Fuente del último párrafo: http://articulos.corentt.com/rotacion-de-personal).

¿Calidad de gestión o gestión de la calidad?

Mucho se ha comentado sobre la confusión que tiene el empresario sobre los términos «gestión de la calidad» y «calidad de gestión», y es por ello que en este capítulo, referido al control y a los resultados de la gestión, deseo marcar una diferencia entre los dos términos. La gestión de la calidad es la actividad de control y el cometido para garantizar que una organización o un producto sean consistentes en cuanto a sus compromisos de mercadeo, y tiene cuatro componentes: planeamiento de la calidad, control de la calidad, aseguramiento de la calidad y mejoras en la calidad. La gestión de calidad se centra no únicamente en la calidad de un producto, servicio o la satisfacción de sus clientes, sino en los medios para obtenerla. Por lo tanto, la gestión de calidad utiliza el aseguramiento de la calidad y el control de los procesos para obtener una calidad más durable, la organización ISO (International Standard Organization, por sus siglas en inglés) ha elaborado una serie de normas para homologar a las empresas que requieren de la certificación de su organización y sus procesos.

Por su parte, la calidad de la gestión, aunque es inherente al proceso anterior, asegura que los resultados estén de acuerdo con la planificación y los objetivos del plan de negocios de la empresa y esto, por supuesto, incluye la gestión de la calidad. Pero como lo más importante son los resultados, el objetivo de lo indicado en este capítulo es la optimización de la calidad de la gestión del empresario, la cual se logrará aplicando las acciones preventivas o correctivas oportunas. Únicamente la calidad de la gestión asegurará el éxito del empresario como emprendedor e inversionista, convirtiéndolo en un legítimo empresario.

La competitividad empresarial

El término competitividad se puede definir como la capacidad que tienen las personas o empresas de distinguirse y sobresalir con cualidades y condiciones especiales que representan ventajas, las cuales, comparadas con otras, resultan favorecidas y preferidas en aquellas actividades en las que se requiera competencia e idoneidad para lograr los objetivos trazados. El actual mundo de los negocios es de alta competencia, y necesariamente lo único que puede garantizar el éxito de un empresario y su empresa es su competitividad empresarial. Es importante resaltar, como lo he indicado en varios capítulos del libro, que el empresario se debe a su empresa; no existe un legítimo empresario sin una empresa exitosa, que lógicamente pasa por ser altamente competitiva desde el punto de vista empresarial.

Conclusión del capítulo 12

El control de la gestión empresarial y sus resultados positivos deben ser asumidos como las actividades más importantes, del más alto nivel directivo y decisorio de la empresa. No habrá legítimo empresario o empresa exitosa con resultados adversos, lo único que nos permitirá tomar decisiones oportunas son las tendencias que nos dan los indicadores de control que implementemos, entre los que destacan: el desempeño financiero, el desempeño de la gestión, el desempeño de las operaciones y el desempeño de los recursos humanos.

CONCLUSIONES

«Aunque hemos definido al "legítimo empresario" como un personaje de índole especial, puedo concluir finalmente que hacerse y ser un empresario no tendrá otro fin primordial que el de trascender en lo económico y social. Crear, mantener y madurar una empresa es esa trascendencia, que al final solo importará al propio empresario como la consecuencia de su éxito».

Una persona con integridad y convicción en valores positivos, aunque su intervención en la sociedad no tenga un impacto significativo, siempre será representativa y su legado importante para quienes hacen vida con ella; un padre, un maestro, un sacerdote o un empresario dueño de una pequeña empresa promoverán y provocarán cambios trascendentales en el destino de la gente de su entorno, y aunque se trate de una sola persona podremos decir que se ha cumplido parte de un objetivo, que en el caso del empresario es «hacer una empresa». Un abastos o una tienda de provisiones, un taller de reparación de vehículos, un servicio para arreglar teléfonos móviles, una tienda de venta de vestidos, una librería o un pequeño restaurante son el principio del proceso de desarrollo de una sociedad, y en el centro de cada una de estas empresas, ineludiblemente, habrá un empresario velando para que la misma salga adelante ofreciendo los mejores servicios a sus clientes, oportunidades de empleos y ganancias a sus dueños, lo que para el empresario no será difícil, puesto que su condición como tal y sus valores lo llevarán por el camino del bien. Lograr que estas empresas se conviertan en un gran supermercado, una importante distribuidora de vehículos, en cadenas de ventas de alimentos, vestidos o tecnología de comunicaciones, o en un reconocido restaurante no es más que un asunto de tiempo porque su basamento está bien constituido al tener un legítimo empresario al frente.

La calificación de legítimo empresario podría parecer un tanto difícil de lograr, pero vemos que cada uno de los requerimientos y condicionamientos descritos en los capítulos están vinculados claramente con los valores éticos y con los rasgos de la personalidad que deberá tener una persona que pueda calificar como tal. Es prácticamente automático que el auténtico empresario provenga de la conjunción de las circunstancias de una formación en la que los valores correctos y el modelaje positivo de sus padres, maestros, profesores, tutores y amigos fueron las influencias más importantes.

Insisto en que es probable que una persona sea percibida como exitosa en sus negocios y, además, que porque gane mucho dinero no se le puede otorgar el título de empresario. Muchos de estos casos dan una apreciación equivocada del significado de exitoso y algunos entendidos en materia empresarial aducirán que lo verdaderamente importante es hacer dinero, crear empleos y mover la economía, pero es posible que alguien con ese perfil evada los impuestos, tenga varias denuncias y juicios por incumplimiento de sus obligaciones laborales o que sea un individualista que piensa únicamente en su beneficio particular, y esto no es hacer empresa, así sea propietario de una; no contribuye con nada que no sea un aporte exclusivamente material y solo lo hace por pura vanidad para participar en la sociedad. Este tipo de personas es la que hace del oportunismo su medio de vida y equivocadamente se dirige a un futuro incierto. Las referencias y experiencias observadas nos indican que no hay ninguna empresa con este origen o tipo de propietarios (oportunistas y/o usureros) que sea sostenible operativamente en el tiempo, inclusive en economías favorables a los negocios.

El auténtico empresario no recurre al oportunismo o a situaciones reñidas con la ética o la moral para dar sostenibilidad a su empresa; su empresa y él son exitosos porque es una consecuencia de su condición de *legítimo empresario*.

REFERENCIAS BIBLIOGRÁFICAS

Además de las fuentes citadas en los diferentes capítulos, también las siguientes obras fueron utilizadas como referencia para la escritura de este libro.

ANDER-EGG, Ezequiel. *Introducción a la planificación estratégica.* Buenos Aires: Lumen, 2007.

BARROSO, Manuel. *Meditaciones gerenciales.* Caracas: Galac, 1999.

BEAZLEY, HAMILTON; Jeremiah BOENISH y David HARDEN. *La continuidad del conocimiento en las empresas.* Bogotá: Norma, 2004.

BELAUSTEGUIGOITIA RIUS, Imanol. *Empresas familiares. Dinámica, equilibrio y consolidación.* México: McGraw Hill Interamericana, 2003.

BING, Stanley. *¿Qué haría Maquiavelo?* Buenos Aires: Javier Vergara Editor, 2001.

BOLIO Y ARCINIEGAS, Alfonso. «Once mitos de las empresas familiares de O'Malley», disponible en: http://www.emprendedores.cl/comunidad/articles/24/los-once-mitos-de-las-empresas-familiares-segun-omalley (Cons. 12-1-2016).

BRADBERRY, Travis. *El código de la personalidad.* Bogotá: Norma, 2008.

BROWN, W. Steven. *13 errores fatales en que incurren los gerentes y cómo evitarlos.* Bogotá: Norma, 1986.

COVEY, Stephen R. *Los 7 hábitos de la gente altamente efectiva.* Barcelona, España: Paidós Ibérica, 1995.

COVEY, Stephen R. *El 8º hábito: de la efectividad a la grandeza.* Barcelona, España: Paidós Ibérica, 2005.

DOBB, Maurice. *Ensayos sobre capitalismo, desarrollo y planificación.* Madrid: Tecnos, 1973.

DRUCKER, Peter F. *La gerencia efectiva.* Buenos Aires: Sudamericana, 1998.

FLEITMAN, Jack. *Negocios exitosos. Cómo empezar, administrar y operar eficientemente un negocio.* México: McGraw Hill Interamericana, 2000.

GUÉDEZ, Víctor. *La ética gerencial,* disponible en: es.slideshare.net/linkgerencial/tica-gerencial (Cons. 16-1-2016).

GUTIÉRREZ MARULANDA, Luis Fernando. *Decisiones financieras y costo del dinero en economías inflacionarias: aplicación de las calculadoras financieras como herramienta de análisis.* Bogotá: Norma, 1985.

HALL, Doug y JEFFREY Stamp. *Marketing significativo.* México: Cecsa, 2006.

HAMMER, Michael y James CHAMPY. *Reingeniería*. Bogotá: Editorial Norma, 2005.

HARRINGTON, H. James. *El coste de la mala calidad*. Madrid: Ediciones Díaz de Santos, 1990.

HARVARD BUSINESS ESSENTIALS. *Finanzas para directivos*. Barcelona, España: Deusto, 2004.

HELLER, Robert. *Saber delegar*. Barcelona, España: Grijalbo-Mondadori, 1998.

HERSEY, Paul & Kenneth BLANCHARD. *Managment of Organizational Behavior. Utilizing Human Resources*. New Jersey: Prentice Hall, 1993.

IVANCEVICH, John M. y Michael T. MATTESON. *Estrés y trabajo: una perspectiva gerencial*. México: Trillas, 1992.

JAÉN, María Helena; Rebeca VIDAL y Daniel MOGOLLÓN. *¿Quieres cambiar tu organización?* Caracas: Ediciones IESA, 2009.

KNIGHT, Frank H. «La ética de la competencia», en *Revista de Economía Institucional*, Vol. 4, n.° 7, 2002.

KOTLER, Philip y Gary ARMSTRONG. *Fundamentos de marketing*. México: Pearson Educación, 2013.

KRUPATINI, Sergio. *Y Ahora qué hacemos ante la complejidad*. Buenos Aires: Granica, 2014.

LAMBIN, Jean-Jacques. *Marketing estratégico*. Madrid: ESIC Editorial, 2003.

MAXWELL, John C. *The 21 Indispensable Qualities of a Leader: Becoming the Person that People Will Want to Follow*. Nashville: Thomas Nelson Inc., 1999.

MORALES NIETO, Enrique. *La gerencia del futuro y los estilos de planeación estratégica*. Bogotá: Tercer Mundo Editores, 1989.

MOSES, Bárbara. *Inteligencia en la profesión*. México: Diana, 2001.

MULLINS, John y Randy KOMISAR. *Mejorando el modelo de negocio: cómo transformar su modelo de negocio en un plan B viable*. Barcelona, España: Profit Editorial, 2010.

MUÑIZ, Luis. *Planes de negocios y estudios de viabilidad*. Barcelona, España: Profit Editorial, 2010.

PÁSCALE, Richard y Anthony ATHOS. *El secreto de la técnica empresarial japonesa*. Buenos Aires: Grijalbo, 1983.

RADKE, Detlef. *Economía social de mercado*. Buenos Aires: Ciedla, 1995.

RAO, Jay y Fran CHUÁN. *Innovación 2.0*. Barcelona, España: Profit Editorial, 2015.

RIZO, Mario y Arturo ENCISO. *El Sucesor*. Guadalajara, México: Acento Editores, 2013.

RUIZ MARÍN, Marta. «Los poderes en la empresa: tipos y formas de evaluación», disponible en: http://www.psicologia-online.com/psicologia_de_las_organizaciones/poderes-en-la-empresa.html (Cons. 7-2-2016).

SAN MARTÍN, Sonia. *Prácticas de marketing*. Madrid: ESIC Editorial, 2008.

STEVENS, Mark. *Extreme Management: What They Teach You at Harvard Business School's Advanced Management*. New York: Warner Books, 2001.

TARAPUEZ CHAMORRO, Edwin; Jairo Andrés ZAPATA ERAZO y Esperanza Ágreda MONTENEGRO. «Knight y sus aportes a la teoría del emprendedor», en *Estudios Gerenciales*, Vol. 24, n.° 106, marzo 2008.

TERRY, George R. y Stephen G. FRANKLIN. *Principios de administración*. México: Continental, 1986.

TRACY, Brian. *21 Leyes absolutamente inquebrantables del dinero*. México: Océano, 2013.

UGARTE VEGA CENTENO, Máximo. «La ética empresarial como creación de valor», disponible en: http://sisbib.unmsm.edu.pe/bibvirtualdata/publicaciones/administracion/n19_2007/a05.pdf (Cons. 12-12-2014).

VARIOS AUTORES. *El plan de negocios*. Madrid: Ediciones Díaz de Santos, 1993.

VILAR BARRIO, José Francisco. *Las 7 nuevas herramientas para la mejora de la calidad*. Madrid: FC Editorial, 1997.

ZAYAS AGÜERO, Pedro Manuel y Niurka CABRERA FERREIRO. *Liderazgo empresarial*, disponible en: http://www.eumed.net/libros-gratis/2011e/1099/indice.htm (Cons. 15-3-2015).

www.ingramcontent.com/pod-product-compliance
Lightning Source LLC
Chambersburg PA
CBHW060336200326
41519CB00011BA/1952